Codice Rosso:
quando l'uomo è vittima

IUSTITIAM COLIMUS

Michele Miccoli - Martina Grassini

Codice Rosso: quando l'uomo è vittima

Giappichelli

VIA PO, 21 - TEL. 011-81.53.111
http://www.giappichelli.it

ISBN/EAN 978-88-7524-574-0
ISBN/EAN 979-12-211-5206-7 (ebook - pdf)

G. Giappichelli Editore

Questo libro è stato stampato su carta certificata, riciclabile al 100%

Stampa: Stampatre s.r.l. - Torino

Indice

Prefazione

La violenza domestica spesso viene associata a quella diretta contro le donne.

Questa realtà esiste ed è purtroppo un grave problema di salute pubblica; tuttavia, in questo libro si è deciso di concentrarsi sull'altra faccia del problema: l'uomo vittima di violenza domestica.

Un fenomeno che ha la caratteristica di essere visto come un tabù, complesso e poco conosciuto.

Per capirlo bisogna addentrarsi nella storia, alle radici dei rapporti tra uomini e donne e di come siano mutati nella nostra società.

Le caratteristiche della violenza esercitata specificamente nei confronti degli uomini, deve essere analizzata nella sua interezza, nella sua complessità e nelle sue interazioni con il sistema sanitario.

Per comprendere meglio il problema della violenza domestica contro gli uomini, dobbiamo considerare il contesto attuale facendo riferimento alle scienze sociali.

Le identità, maschile e femminile, sono storiche e sociali perché possono solo essere comprese attraverso lo studio della società.

Lo scopo di questo libro è di mostrare che c'è un altro aspetto della violenza, anche familiare: quella esercitata verso gli uomini.

In effetti, la violenza appartiene a entrambi i sessi.

Bisogna uscire dalla visione bipolare "vittima-aggressore", che alimenta ulteriormente la violenza, per riconoscere la corresponsabilità nella coppia.

Si innesca però un circolo vizioso: senza riconoscimento del proprio status, senza strutture adatte per accoglierlo, il tentativo dell'uomo per uscire dal suo isolamento risulta estremamente difficile. L'isolamento di questi uomini vittime di violenza domestica si incunea nella società e viene ricoperto dall'ignoranza o dall'incomprensione, rimanendo sempre più nascosto.

È necessaria una rimozione del tabù da parte dell'intera società. L'informazione, la sensibilizzazione, la copertura mediatica e l'evoluzione delle rappresentazioni delle relazioni sociali tra i due sessi, sono l'unico modo per togliere il velo pesante che soffoca l'uomo vittima di violenze.

Parlarne è quindi il modo per cambiare la mentalità; per togliere questi uomini dalla vergogna, dall'isolamento e dalla sofferenza, prima di arrivare a situazioni drammatiche.

In termini concreti, questo significa anche sensibilizzare e formare professionisti affinché le vittime si sentano a proprio agio nel discutere di questi problemi con i sanitari.

Gli operatori sanitari hanno un ruolo fondamentale da svolgere nella cura e nel supporto di persone che sono vittime di violenza, avendo la consapevolezza che c'è una forte correlazione tra le violenze e i problemi di salute.

Allo stesso tempo, un impegno da parte dei politici ci sembra indispensabile per poterlo fare: sensibilizzare la popolazione su questo aspetto della violenza familiare.

Allo stesso modo, si potrebbero concedere più fondi per sviluppare una ricerca attendibile in materia, per poter contare su statistiche e dati convincenti.

La credibilità del fenomeno dipende enormemente dall'esistenza di cifre incisive.

Inoltre, dovremmo considerare la creazione di una specifica struttura medico-sociale per l'accoglienza degli uomini-vittime, per esempio di una "solidarietà per gli uomini"?

Infine, la prevenzione della violenza implica anche l'empowerment individuale.

Come sostiene lo psicologo e sessuologo Yvon Dallaire: "*Aiutare uomini e donne a diventare più responsabili, vivere le loro vite dissipando le illusioni sulla convivenza. La coppia piace, i soldi non ti rendono felice: sono solo un mezzo per ottenerlo. Formiamo una coppia per condividere la propria felicità, non per essere felice*".

Capitolo Primo

Quando l'uomo è vittima: cause, conseguenze e rimedi*

SOMMARIO: 1.1. Violenza senza genere: quando l'uomo è vittima. – 1.2. Le categorie della violenza per la vittima maschile. – 1.2.1. Violenza psicologica. – 1.2.2. Violenza economica. – 1.2.3. Violenza fisica. – 1.2.4. Violenza giuridica. – 1.3. La disciplina normativa e le conseguenze della "mala giustizia". – 1.3.1. La famiglia: aspetti giuridici. – 1.3.2. La tutela civile e penale per le vittime di violenza. – 1.4. Il Codice Rosso e il fenomeno delle "false accuse".

1.1. Violenza senza genere: quando l'uomo è vittima

Nella società moderna non esiste una sola idea di famiglia: unioni civili, coppie *same sex*, convivenze, famiglie allargate.

L'evoluzione del concetto di famiglia è lo specchio di una società in costante cambiamento, a cui non sempre la legge e la giurisprudenza riesce a fornire risposte.

Spesso ci troviamo di fronte ad arbitrarie interpretazioni legislative, che generano risultati di vera e propria ingiustizia.

Quando si parla di violenza, il sillogismo tra vittima di sesso femminile e carnefice di sesso maschile è quasi automatico.

Le statistiche, però, confermano come ogni anno siano milioni gli uomini vittime di violenza da parte delle donne.

La violenza domestica e le condotte abusanti tra coniugi o conviventi sono stati argomenti dibattuti per molti anni ed i risultati di numerosi studi rilevano sostanzialmente una parità di aggressioni fisiche e di pressioni psicologiche nei confronti del *partner*.

---

* Con la collaborazione della Dott.ssa Fulvia Siano, psicologa clinica e giuridica.

Oggi, dunque, la violenza sugli uomini costituisce un problema sociale, quanto quella sulle donne.

Il trattamento e le soluzioni, però, sono nettamente differenti.

Trincerato dietro lo stereotipo del "sesso forte", l'uomo omette persino di parlarne per vergogna, per luoghi comuni, per tendenza sociale.

È difficile, infatti, che la violenza sull'uomo assurga agli onori della cronaca, nonostante sia il sesso maschile – spesso in coincidenza alla crisi familiare – ad essere "vittima" di vere e proprie forme di distruzione, sia sotto il profilo psicologico che quello economico.

Le statistiche rilevano come le donne tendano a prediligere verso gli uomini un'aggressività di tipo differente da quella fisica e perlopiù indiretta.

Si parla per la maggioranza dei casi della c.d. "violenza psicologica".

Spesso la violenza si genera nell'ambiente domestico.

Tale forma di violenza non è fatta solo di denigrazioni ed umiliazioni durante la convivenza matrimoniale, ma si configura anche dopo la disgregazione del nucleo familiare nelle opere di allontanamento dei figli dai padri, sempre più di sovente attuate dalle madri ed accertate anche nei Tribunali dalle perizie psicologiche (Consulenze Tecniche d'Ufficio) disposte nel corso dei giudizi separativi, divorzili o di affidamento dei figli nati fuori dal matrimonio.

Conseguentemente ad accuse unilaterali (e spesso improvate), gli uomini si vedono di fatto privati dei loro figli per mesi o addirittura anni, ancor prima di una sentenza che condanni le condotte denunciate dalle "ex".

In questo senso si parla della c.d. "violenza giuridica".

Ma non solo.

Molti padri di famiglia sono costretti a trovare una nuova casa, supportarne i relativi costi, sostenere il mutuo della casa familiare assegnata all'ex moglie quale collocataria dei figli, garantire assegni di mantenimento per il coniuge e per la prole, non di rado in misura finanche superiore alle proprie capacità economiche.

Si parla, in questo caso, della c.d. "violenza economica".

La violenza sull'uomo, al pari di quella sulle donne, in tutte le sue forme, costituisce una violazione dei diritti umani e costituzionalmente garantiti dal nostro ordinamento, nonché dalle fonti internazionali, che necessita di un sistema che fornisca non solo reali soluzioni, ma altrettante strategie di prevenzione.

1.2. Le categorie della violenza per la vittima maschile

Come già esposto nel precedente paragrafo, il concetto di violenza sul sesso maschile va contro la percezione sociale e storica di questo momento.

Difficilmente, infatti, si crede che l'uomo possa essere vittima di violenza, soprattutto se questa violenza è perpetrata dal sesso femminile.

Pochissime, ad oggi, sono le ricerche sulla violenza che gli uomini subiscono e, ancora troppo distante, è la giustizia e la tutela di queste vittime.

Inoltre, a causa dello "stereotipo virile" e nella certezza di non essere creduti, tantissimi uomini non denunciano.

Ma, esattamente, a quali tipologie di violenze è sottoposto l'uomo?

Vediamo nello specifico quali sono le violenze a cui maggiormente gli uomini sono esposti.

1.2.1. Violenza psicologica

La violenza psicologica consiste in attacchi diretti a colpire la dignità personale della vittima, sminuirla, criticarla, mancandole di rispetto fino a far diventare la vittima succube, in uno stato di forte subordinazione ed inferiorità rispetto al carnefice.

Se pensiamo allo stereotipo "maschile" o di "uomo", difficilmente immaginiamo che esso possa diventare la vittima di una donna.

Nello specifico, nel pensiero comune l'uomo è legato al concetto di "mascolinità tossica", quindi perpetratore di atti violenti, aggressivi, privi di emozioni, misogini che dominano le relazioni nei confronti delle donne e dei bambini.

Quando un uomo mostra empatia, compassione o è in grado di esprimere le proprie emozioni viene percepito come un "debole" o addirittura "effemminato".

Dunque, in questa prospettiva difficilmente immaginiamo un uomo vittima di violenza psicologica.

Eppure, la violenza psicologica è l'arma maggiormente utilizzata dalle donne per colpire gli uomini, proprio in quello che è lo stereotipo che accompagna l'uomo da tempo immemore: la sua "virilità".

La violenza psicologica agita sugli uomini è molto sottile, come un veleno: viene attaccata la sua identità, denigrando le sue prestazioni sessuali, il suo ruolo nella società, rispetto per esempio alla sua posizione lavorativa, al suo stipendio e a ciò che è in grado di fare per la famiglia o la sua donna, viene deriso se piange o si dispera o se ha attacchi di panico o ansia, viene allontanato da casa e dal suo ruolo di marito e genitore (l'allontanamento dei padri dalle famiglie nelle separazioni, infatti, è ormai una vera piaga sociale supportata dalle pratiche giuridiche dei tribunali).

Le umiliazioni e le denigrazioni sono alla base della violenza psicologica agita contro la figura maschile.

La ricerca del 2021 del Professor Macrì e del suo gruppo di ricerca (Macrì, Abo Loha, Gallino, Gascò, Manzari, Mastriani, Nestola, Pezzuolo, Rotoli, 2012) ha portato, finalmente, alla luce dati rispetto alla violenza psicologica ed economica subìta dagli uomini da parte delle donne.

Questi dati sono alquanto allarmanti.

Dalla ricerca emerge che la violenza psicologica e quella economica è la tipologia di violenza più diffusa e subìta dagli uomini.

L'umiliazione passa dalle critiche per un impiego poco remunerato, a denigrazioni a causa della vita modesta che la partner conduce fino a paragoni con altre persone che guadagnano di più.

Le umiliazioni arrivano fino in pubblico, con ridicolizzazioni e offese davanti ai parenti, critiche per difetti fisici o critiche per la gestione dei figli e della casa.

Risulta, poi, elevato il numero degli uomini che vengono insultati, denigrati e umiliati con le parole (fino al 75%) e che subiscono varie forme di controllo (ricordiamo su questo aspetto che lo *stalking* e le varie forme di atti persecutori sono un'arma potentissima nelle mani delle donne e non sono assolutamente solo prerogativa maschile).

Nelle forme di controllo rientrano impedimenti o limitazioni agli incontri con le famiglie d'origine o ad attività esterne quali sport, *hobby*, amicizie o ancora pedinamenti, controllo degli spostamenti, messa in discussione della fedeltà con conseguente controllo del cellulare e della *privacy* della persona e, non da ultimo, controllo del danaro.

Anche in questo caso la percentuale cresce molto e si nota dalla ricerca quanto queste forme di violenza psicologica siano agite dalle donne abitualmente, in quanto nel percepito comune queste violenze sono accettate e quasi normalizzate.

La ricerca, poi, mette in luce anche violenze psicologiche trasversali importanti, quali distruzione dei beni o danneggiamenti di oggetti privati tramite minaccia o concretizzazione, fare del male ai figli, in modo concreto o tramite minaccia, fino a far del male a familiari, animali domestici in modo concreto o come minaccia.

La violenza psicologica, anche sull'uomo, può essere attuata anche con il c.d. gaslighting.

Il termine "gaslighting" deriva dal film del 1944 *Gaslight*, in cui il marito manipola la moglie fino a farla dubitare della sua stessa sanità mentale. Il gaslighting è una forma di manipolazione psicologica in cui una persona tenta di far sentire l'altra come se fosse "pazza", "instabile" o insana.

Si tratta di un vero e proprio abuso, che può includere la negazione di eventi o situazioni reali, la distorsione della verità o la manipolazione delle informazioni. Lo scopo è quello di far sentire alla vittima come se la sua percezione della realtà fosse sbagliata, con conseguente messa in dubbio della propria stabilità mentale.

La violenza psicologica, nelle sue differenti sfaccettature, viene spesso agita nell'ambiente domestico.

Spesso ciò avviene coinvolgendo i figli in dolorose separazioni conflittuali fino ad arrivare a manipolare psicologicamente gli stessi per allontanare i padri da loro, con la conseguente perdita dell'amore filiale.

L'utilizzo strumentale dei figli come rivalsa nei confronti del padre arriva ad avere percentuali così alte da essere ormai, nel nostro Paese una vera piaga sociale, con conseguenze devastanti per i padri e per i figli che si vedono distruggere il ramo paterno senza possibilità alcuna di ripristino dei contatti e dei rapporti.

Nelle forme di violenza psicologica, infatti, rientra anche la c.d. alienazione genitoriale.

L'alienazione genitoriale è un fenomeno in cui un genitore manipola il figlio per allontanarlo dall'altro, causando un grave danno psicologico al bambino ed ostacolando il rapporto tra il genitore e il figlio.

L'alienazione genitoriale può essere considerata una vera e propria forma di abuso emotivo che può portare a conseguenze negative a lungo termine per la salute psicofisica non solo del bambino, ma anche del genitore rifiutato.

Le condotte alienanti possono includere la diffusione di informazioni false o negative sull'altro genitore, la limitazione del contatto tra il figlio e l'altro genitore, o la creazione di un clima ostile e conflittuale quando il figlio è con l'altro genitore.

È importante che i genitori coinvolti in situazioni di alienazione genitoriale cerchino il dovuto aiuto da professionisti, come psicologi o mediatori familiari, per risolvere i problemi e proteggere il benessere dei figli.

Sarebbe importante che le società e le istituzioni prevedessero veri e propri interventi tempestivi per proteggere i bambini che sono vittime di alienazione genitoriale.

In particolare, i professionisti che lavorano con i bambini, come gli insegnanti e i medici, dovrebbero essere in grado di riconoscere i primi segnali di allarme e segnalare i casi sospetti alle autorità competenti.

Solo attraverso un approccio integrato, infatti, sarebbe possibile arginare un fenomeno che, se non preso in tempo, comporta conseguenze irreparabili.

Di sovente, infatti, i genitori arrivano a rivolgersi ai Tribunali quando ormai i rapporti tra il genitore ed il figlio sono inesistenti e l'intervento spesso è tardivo, con conseguente lesione permanente del diritto del minore alla bigenitorialità.

1.2.2. Violenza economica

Comunemente la violenza economica viene intesa come forma di violenza di genere, che si manifesta attraverso l'uso del denaro e del potere economico per controllare e dominare una persona.

La violenza economica spesso include il controllo delle finanze, la coercizione economica, la privazione di risorse finanziarie e la minaccia di danneggiare la sicurezza finanziaria della vittima.

Per violenza economica, però, non si intende solo il comportamento posto in essere da un familiare al fine di privare l'altro della propria indipendenza, ma altresì l'abuso dello strumento giuridico al fine di ottenere un vantaggio economico dallo scioglimento del nucleo familiare, in termini di c.d. "assegno di mantenimento o divorzile".

Molti uomini, infatti, a seguito della disgregazione della famiglia vengono sottoposti a condizioni economiche del tutto insostenibili.

Come noto non è raro che un padre di famiglia si trovi costretto a lasciare l'abitazione familiare e a sostenerne ancora il mutuo, nonché a reperire un altro immobile per sé e a pagarne i costi, nonché a sostenere cospicui assegni di mantenimento per i figli e per la moglie.

Molti di questi padri, poi, sono costretti a cercarsi un nuovo appartamento, arredarlo e continuare a pagare il mutuo alla ex moglie che vive con i figli nella ex casa di proprietà, garantendo anche un assegno di mantenimento, nonostante la ex moglie sia una lavoratrice e possa, ad esempio, aver già un nuovo compagno in casa che contribuisce con il suo stipendio.

Alcuni di loro si vedono costretti a vivere in macchina o a rivolgersi alla Caritas per un pasto e altri ancora si sono visti pignorare lo stipendio o peggio la casa, con conseguente impoverimento.

Un capitolo a parte, ma che va sicuramente segnalato, riguarda la paternità non voluta, ovvero la paternità "imposta con l'inganno".

Cosa si intende con paternità imposta con l'inganno?

Tale esperienza comprende perlopiù casi di gravidanza in cui il rapporto non è consolidato e frutto di un rapporto occasionale.

Senza mettere in discussione la libertà della donna di decidere se portare avanti o meno una gravidanza, nel momento in cui una donna decide di portare avanti ugualmente la gravidanza, tenendo all'oscuro di tutto il padre del nascituro, viene spontaneo chiedersi se tale decisione sia solo appannaggio femminile o dovrebbe essere anche l'uomo a decidere.

Ci si chiede: cosa provoca l'esclusione rispetto a tale decisione nell'uomo?

La ricerca del Professor Macrì risponde anche a tale domanda.

La percentuale di donne che mettono in atto strategie ingannevoli, mentendo sulla fertilità o sull'uso degli anticoncezionali per rimanere incinta e poi chiedere che l'uomo si prenda le sue responsabilità, con richieste di risarcimento o di mantenimento proprio e della prole, rientra in una grave forma di prevaricazione e violenza psicologica ed economica (Macrì, Abo Loha, Gallino, Gascò, Manzari, Mastriani, Nestola, Pezzuolo, Rotoli, 2012).

Inoltre, un altro fattore da tenere in considerazione è l'aspetto psicologico dell'uomo che è stato tratto in inganno: si sentono presi in giro e le emozioni che emergono maggiormente sono rabbia, frustrazione, delusione e scarso senso di fiducia nel prossimo.

Altro fenomeno che ha elevate percentuali (ci assestiamo oltre il quaranta per cento) sono le c.d. "false accuse" e le c.d. "false denunce", soprattutto nell'ambito delle separazioni e dei divorzi.

Questo fenomeno, come vedremo nei prossimi capitoli è un fenomeno in netto incremento e di grande preoccupazione sociale.

1.2.3. Violenza fisica

La violenza fisica è una forma di violenza che include l'utilizzo di forza fisica per danneggiare o ferire una persona e consiste in qualsiasi forma di aggressività e di maltrattamento contro la vittima, contro il suo corpo e la sua persona.

Questa forma di violenza può includere il lancio di oggetti, schiaffi, pugni, strangolamento, uso di acidi per ustionare o ferire, torturare fino ad arrivare ad uccidere.

La violenza fisica può essere utilizzata come forma di controllo e dominio all'interno di una relazione intima o familiare.

L'uomo, per natura, è più forte fisicamente della donna e già solo per questo difficilmente viene creduto quando è vittima di violenza fisica da parte di una donna.

Spesso accade che nemmeno l'uomo stesso sia in grado di definirsi vittima di violenza a causa dello stereotipo che lo vuole forte, virile e superiore in prestanza fisica.

Eppure, i dati delle ricerche scientifiche (Macrì, Abo Loha, Gallino, Gascò, Manzari, Mastriani, Nestola, Pezzuolo, Rotoli, 2012) e addirittura la cronaca, ci raccontano una storia diversa.

La cronaca riporta fatti di uomini colpiti dall'acido, picchiati con oggetti contundenti, graffiati, morsicati, ustionati e uccisi.

È difficile che detti fatti assurgano agli onori della cronaca o dei dati statistici in quanto difficilmente l'uomo denuncerebbe tali aggressioni.

Troppo spesso, infatti, gli uomini si vergognano ad ammettere di essere vittime di violenza fisica da parte di donne in quanto ancora vige lo stereotipo dell'uomo "forte e virile". Inoltre, spesso, l'uomo ha timore di essere deriso nel caso andassero a denunciare oppure ha paura di non essere creduto, stante il fatto che biologicamente gode di una superiorità fisica riconosciuta.

La ricerca del Professor Macrì ha portato all'evidenza che oltre cinque milioni di uomini, il 24,3% del totale, avrebbero subito almeno una violenza fisica per mano di una donna: dato sicuramente non di poco rilievo.

1.2.4. Violenza giuridica

La violenza giuridica è una forma di violenza che si verifica quando il sistema giuridico viene utilizzato sostanzialmente per intimidire, controllare o danneggiare una persona.

Può includere diverse forme di coercizione legale quali: l'utilizzo di minacce legali infondate, abuso di potere, falsi rapporti di polizia, discriminazione.

La violenza giuridica può essere utilizzata come una forma di controllo e dominio all'interno di una relazione intima o familiare e può anche essere utilizzata per danneggiare la reputazione e la dignità di una persona attraverso false accuse o diffamazione.

L'uomo, sempre maggiormente, diviene vittima di violenza giuridica.

In molti casi, infatti, sussiste un doppio *standard* nel giudicare una vittima maschile da una vittima femminile e tra un maltrattante uomo e una maltrattante donna.

Potremmo definire uno *standard* di "due pesi e due misure". Quando la donna è maltrattante le sentenze appaiono molto più morbide e, nel caso di donne che usano violenza psicologica verso gli uomini o peggio ancora utilizzano le false accuse per distruggere l'uomo, queste ultime difficilmente (o potremmo dire mai) vengono punite dopo l'assoluzione dell'uomo.

Inoltre, l'idea che solo la donna sia "vittima" e che l'uomo a prescindere si "il carnefice", "il violento", porta a situazioni fortemente pregiudizievoli da parte di professionisti e di tutto il sistema giuridico che, spesso, parte in forma prevenuta verso l'uomo.

Le leggi ci sono, ma spesso non vengono applicate.

Pensiamo ad esempio al Codice Rosso che per gli uomini non viene quasi mai applicato, se non in rare e gravissime circostanze.

Nonostante molti uomini si presentino in pronto soccorso con evidenti segni di violenza fisica o psicologica, per loro il Codice Rosso non sembra essere contemplato.

Altro problema di enorme rilevanza è il pregiudizio che ruota attorno alla figura maschile e che viene spesso (o anche troppo) riscontrato addirittura tra i professionisti del settore giuridico-sociale.

Nei Servizi sociali, ad esempio, sembrerebbe riscontrato un doppio *standard* nella gestione dei padri e delle madri.

I padri devono fare il triplo del lavoro per essere creduti e attenzionati e, spesso, sono giudicati colpevoli ancora prima di essere sottoposti a monitoraggio.

Non di rado l'uomo si trova a doversi difendere in quanto considerato colpevole a prescindere.

La maggior parte dei professionisti del settore ha frequentato corsi sulla violenza di genere, ovvero corsi che prendono in considerazione solo ed esclusivamente la violenza dell'uomo sulla donna, come se al contrario non esistesse affatto, quindi partono pieni di pregiudizi e di protocolli che non ammettono alcuna flessibilità.

Anche in questo caso la violenza che gli uomini subiscono in gran silenzio e dietro le quinte è in crescente aumento e, tanto nelle aule dei tribunali quanto nelle stanze dei Servizi sociali, si assiste ad un vero massacro della figura maschile che riesce ad ottenere giustizia solo in alcuni casi e dopo anni di lungo calvario.

1.3. La disciplina normativa e le conseguenze della "mala giustizia"

La disciplina normativa contro la violenza è importante per garantire la sicurezza delle persone. Spesso le norme tutelano in particolare i soggetti più vulnerabili, come donne, bambini, anziani e persone con disabilità. Come detto, però, la violenza non solo può assumere diverse forme (come la violenza fisica, psicologica, economica, giuridica) ma può essere perpetrata anche a danno dell'uomo.

La disciplina normativa contro la violenza comprende un insieme di leggi, regolamenti e norme che hanno lo scopo di prevenire, reprimere e punire qualsiasi forma di violenza nei confronti delle persone.

A livello internazionale, tra le leggi di maggior rilievo possiamo citare la Convenzione di Istanbul del Consiglio d'Europa sulla prevenzione e la lotta contro la violenza nei confronti delle donne e la violenza domestica, la Convenzione sui diritti dell'infanzia dell'ONU o ancora la Dichiarazione Universale dei Diritti dell'Uomo.

A livello nazionale, poi, ogni Paese ha le proprie leggi e normative contro la violenza.

In Italia, la disciplina normativa contro la violenza è regolamentata da diverse leggi e normative, tra cui:

– il Codice Penale italiano che prevede una serie di reati contro la persona, tra cui la violenza sessuale, la violenza domestica, il maltrattamento di animali e la violenza sul lavoro;

– la Legge n. 154/2001, *Misure contro la violenza nelle relazioni familiari* con la quale il Legislatore ha introdotto un sistema di tutela contro il fenomeno della violenza domestica;

– la Legge n. 119/2013 che ha istituito il reato di *stalking*, ovvero la persecuzione di una persona con atti molesti e reiterati;

– la Legge n. 154/2016 ossia la "Legge contro la violenza sulle donne", che ha introdotto una serie di misure per lottare contro la violenza di genere, tra cui l'istituzione di un numero verde anti-violenza e di un fondo per le vittime di violenza;

– la Legge n. 81/2017 detta "Testo unico sulla salute e sicurezza sul lavoro" che prevede alcune misure per prevenire il mobbing;

– la Legge n. 194/2018 che ha istituito il reato di femminicidio, ovvero l'omicidio di una donna a causa del suo genere;

– la Legge n. 154 del 4 aprile 2001, *Misure contro la violenza nelle relazioni familiari*, infatti, il Legislatore ha introdotto un sistema di tutela contro il fenomeno della violenza domestica;

– il Codice Civile tra cui gli artt. 330 e 333 c.c. che disciplinano i provvedimenti limitativi o ablativi della responsabilità genitoriale.

Come esposto nei precedenti paragrafi, spesso la violenza si realizza nell'ambiente domestico ed oggi la cultura giuridica risulta essere sempre più sensibile ai problemi della famiglia. Pertanto è necessario, per comprendere il tema della violenza, analizzare la famiglia dal punto di vista giuridico e le dinamiche fattuali e processuali che vedono l'uomo vittima di violenza.

1.3.1. La famiglia: aspetti giuridici

La famiglia, di per sé, non è un ente giuridico inteso quale autonomo centro di imputazioni di diritti e doveri, ma si fonda su matrici sociali che sono del tutto estranee al diritto.

Tuttavia la famiglia stessa è sottoposta a regole giuridiche ben determinate, al fine di garantire la tutela dei soggetti stessi nel nucleo familiare.

Ciò significa *in primis* che l'ordinamento giuridico non solo determina alcune regole nell'ambito dei rapporti familiari, ma al contempo appresta specifici rimedi nell'ambito della famiglia, sia in sede civile che penale, rimedi tutti attuabili qualora ambienti disfunzionali generatisi nel nucleo familiare rendano necessario un intervento da parte del nostro ordinamento.

Il diritto di famiglia tutela gli interessi della singola persona nell'ambito della comunità familiare avendo ogni individuo il diritto di essere tutelato all'interno del c.d. "sistema famiglia".

La famiglia trova tutela tanto nelle fonti Internazionali quanto in quelle Nazionali.

La Convenzione Europea per la salvaguardia dei diritti dell'uomo e delle libertà fondamentali (CEDU del 4 novembre 1950) sancisce espressamente il diritto alla vita (ai sensi dell'art. 2), il diritto dell'uomo di contrarre matrimonio e di fondare una famiglia (ai sensi dell'art. 12), il diritto al rispetto della vita privata e familiare (ai sensi dell'art. 8).

La definizione della Costituzione Italiana di famiglia intesa quale società naturale (art. 29, comma 1) sta a significare il riconoscimento dei diritti della famiglia quali diritti fondamentali dell'uomo intesi da un lato come la libertà di ciascuno di costituire una famiglia secondo le proprie scelte, dall'altro quello di sviluppare la propria personalità nell'ambito della famiglia.

L'ordinamento pone infatti tra i diritti fondamentali ed inviolabili dell'individuo lo sviluppo della persona umana in tutti i rapporti sociali, tra cui la famiglia.

In particolare:

– l'art. 2 della Costituzione dispone che "*la Repubblica riconosce e garantisce i diritti inviolabili dell'uomo, sia come singolo sia nelle formazioni sociali ove si svolge la sua personalità*";

– l'art. 13 della Costituzione dispone che "*la libertà personale è inviolabile*";

– l'art. 29 della Costituzione afferma come il matrimonio si regga "*sulla eguaglianza morale e giuridica dei coniugi*";

– l'art. 31 della Costituzione dispone che "*La Repubblica agevola con misure economiche e altre provvidenze la formazione della famiglia e l'adempimento dei compiti relativi, con particolare riguardo alle famiglie numerose. Protegge la maternità, l'infanzia e la gioventù, favorendo gli istituti necessari a tale scopo*";

– l'art. 32 della Costituzione dispone che "*La Repubblica tutela la salute come fondamentale diritto dell'individuo e interesse della collettività, e garantisce cure gratuite agli indigenti. Nessuno può essere obbligato a un determinato trattamento sanitario se non per disposizione di legge*".

La Costituzione italiana riconosce i diritti della famiglia quale società naturale fondata sul matrimonio. Ciò non significa che nella c.d. "famiglia di fatto" basata sulla convivenza non sussista alcun diritto e dovere. Anche in relazione alla famiglia di fatto esiste la tutela della persona all'interno del nucleo familiare: in particolare, per quanto riguarda i figli, la disciplina normativa del diritto di famiglia equipara la posizione dei c.d. "figli nati fuori dal matrimonio" a quella dei figli legittimi.

Quanto al rapporto coniugale il Codice civile disciplina i doveri e i diritti nascenti dall'unione matrimoniale. Ciò è di tutta rilevanza in quanto la violazione di tali doveri implica una responsabilità a carico di un coniuge, giustificando l'intervento civile o penale di un Tribunale.

Al fine di comprendere come la violazione dei doveri coniugali implichi *in primis* una violazione dei diritti della persona, si elencano sinteticamente le posizioni giuridiche tutelate dal nostro ordinamento.

L'art. 143 c.c. dispone come il matrimonio comporta a carico dei coniugi gli obblighi di fedeltà, di assistenza morale e materiale, di coabitazione, di collaborazione e di contribuzione ai bisogni della famiglia.

In caso di violazione dell'obbligo di fedeltà, non solo potrà scaturire l'addebito della separazione ma qualora sia attuato in modo lesivo della dignità dell'altro coniuge con conseguente violenza psicologica, può essere posto anche a fondamento del reato di maltrattamenti in famiglia *ex* art. 572 c.p.

La violazione degli obblighi di assistenza e collaborazione rileva per l'addebito della separazione, e può integrare gli estremi del reato della violazione degli obblighi di assistenza famigliare *ex* art. 570 c.p.

All'obbligo di collaborazione è connesso quello di contribuzione materiale ai bisogni della famiglia, assolvendo così all'obbligo di assistenza materiale.

La violazione dell'obbligo di contribuzione può essere causa di addebito della separazione nonché dell'applicabilità dell'art. 570 c.p.

1.3.2. La tutela civile e penale per le vittime di violenza

Il reato di maltrattamenti in famiglia si può realizzare attraverso diverse modalità: violenza psicologia; violenza fisica; intimidazioni e minacce; violenza economica e violenza assistita dal minore.

Nell'ordinamento italiano esiste un doppio binario di tutela contro la violenza familiare: in ambito civile e in ambito penale.

La vittima, infatti, può domandare una tutela in sede penale, affinché l'ordinamento condanni penalmente la condotta del maltrattante (qualora integri gli estremi di un reato), oppure può decidere di agire avanti al Giudice civile, al fine di ottenere lo scioglimento del vincolo coniugale ed altri rimedi d'urgenza e cautelari, quali la cessazione del comportamento molesto e l'allontanamento del maltrattante dalla casa familiare (tutele inibitorie), nonché una tutela di tipo risarcitoria per il danno subito.

Quanto alla richiesta risarcitoria, questa può avvenire sia in sede penale, laddove il reato abbia cagionato danni liquidabili, sia in sede civile, qualora il coniuge o il convivente abbia subito un ingiusto comportamento dall'altro.

Il Codice Civile, infatti, prevede ai sensi dell'art. 2043 che "*qualunque fatto doloso o colposo, che cagiona ad altri un danno ingiusto, obbliga colui che ha commesso il fatto a risarcire il danno*".

Il suddetto articolo sancisce il c.d principio del *neminem ledere.*

Le categorie di danno riconosciute dal nostro ordinamento sono le seguenti:

– il danno patrimoniale (*ex* art. 2043 c.c.). Invero la violenza fisica o psicologica, potrà avere conseguenze di tipo patrimoniale sulla vittima come, a mero titolo esemplificativo, esborsi per cure e trattamenti sanitari. Ancora possono aversi ripercussioni negative sulla capacità della vittima di produrre redditi;

– il danno non patrimoniale o danno morale (*ex* art. 2059 c.c.) che consiste nel perturbamento dell'animo e nella sofferenza morale;

– il danno biologico o c.d. danno alla salute, che trova la sua *ratio* nell'interpretazione delle norme di cui all'art. 32 della Costituzione e dell'art. 2043 c.c. Il danno biologico consiste nella menomazione dell'integrità psico-fisica. Il danno alla salute, che deve essere accertato da un punto di vista medico legale mediante una perizia, ricorre laddove, a seguito della violenza, la vittima abbia sviluppato delle patologie. Al fine di accertare questo tipo di danno è necessario dimostrare una sopravvenuta patologia della vittima e/o un peggioramento della salute mentale della vittima;

– il danno esistenziale che si fonda sulle norme costituzionali a tutela dei diritti della persona (art. 2 e art. 29 Cost.) e consiste in "*ogni lesione di diritti comunque fondamentali della persona, risolventesi in un danno esistenziale ed alla vita di relazione*". (Cass. civ. n. 7713/2000).

Quanto poi alle tutele inibitorie in sede civile, con la Legge n. 154 del 4 aprile 2001, *Misure contro la violenza nelle relazioni familiari*, infatti, il Legislatore ha introdotto un sistema di tutela contro il fenomeno della violenza domestica, basato sull'impiego di strumenti penalistici e civilistici.

La finalità della riforma del 2001 è stata l'esigenza di rapidità per l'emissione di misure contro le violenze familiari, attribuendo alcuni poteri al giudice civile in presenza di situazioni di crisi familiare (di cui agli artt. 342-*bis* c.c. e 736 c.p.c.) ed anche in materia penale, con l'introduzione di una misura cautelare personale ai sensi degli artt. 291, comma 2-*bis*, e 282-*bis* c.p.p.

Si tratta del "*primo vero ordine di protezione riconosciuto dal nostro sistema processuale penale alle vittime di violenze domestiche*".

Uno dei punti più importanti di questa norma è l'estensione della platea di soggetti deboli protetti: adulti, minori, coppie (con o senza prole), conviventi.

Dunque, sulla scorta della tutela dell'individuo nel consorzio familiare, vi è un'equiparazione tra il "convivente" ed il "coniuge" e, al contempo, è previsto che anche i figli possono essere oggetto della misura.

In sede civile il Legislatore con la Legge n. 154/2001 ha introdotto gli artt. 342-*bis* e *ter* c.c. che disciplinano gli ordini di protezione contro gli abusi familiari.

Possono essere richiesti in caso di situazioni di pericolo, allorquando "*la condotta del coniuge o di altro convivente è causa di grave pregiudizio all'integrità fisica o morale ovvero alla libertà dell'altro coniuge e convivente*".

Al verificarsi dei presupposti il Giudice potrà applicare delle misure quali l'allontanamento dalla casa familiare e il divieto di frequentazione dei luoghi abitualmente frequentati dalla vittima.

Il D.Lgs. 22 ottobre 2022, n. 149 (c.d. Riforma Cartabia) riordina la disciplina degli ordini di protezione familiare all'interno degli artt. 473-*bis*.69-473-*bis*.71 c.p.c. contenuti nella Sezione VII "*Degli ordini di protezione contro gli abusi familiari*".

Sempre in sede civile, nei casi di violenza intrafamiliare sono di assoluto rilievo i provvedimenti limitativi o ablativi della responsabilità genitoriale.

In tema di rimedi di natura civilistica a tutela dei minori, sussistono principalmente gli artt. 330 e 333 c.c. L'art. 330 c.c., che regola la "decadenza dalla responsabilità genitoriale sui figli" quando il genitore viola o trascura i doveri ad essa inerenti o abusa dei relativi poteri con grave pregiudizio per la prole.

In tale caso il giudice può ordinare l'allontanamento del figlio dalla residenza familiare ovvero l'allontanamento del genitore e convivente che maltratta o abusa del minore.

L'art. 333 c.c., in materia di "condotta del genitore pregiudizievole ai figli" prevede che quando la condotta di uno o di entrambi i genitori non sia tale da dare luogo alla pronuncia di decadenza prevista dall'art. 330 c.c., ma appare comunque pregiudizievole al figlio, il giudice secondo le circostanze può adottare provvedimenti convenienti.

In sede penale, la Legge n. 154/2001 ha introdotto la misura cautelare dell'allontanamento dalla casa familiare e del divieto di avvicinamento ai luoghi frequentati dalla persona offesa, ai sensi degli artt. 282-*bis* e *ter* c.p.c.

Con l'introduzione nel sistema cautelare dell'art. 282-*bis* c.p.p., si è cercato uno strumento capace di intervenire su una realtà urgente di crisi familiare, su quelle realtà caratterizzate da comportamenti di aggressione, violenza, abuso, ai danni di un familiare o del convivente.

Eccezione per l'emanazione della nuova misura, è stato il superamento dei limiti di pena previsti dall'art. 280 c.p.p., ovvero la procedibilità esclusivamente per i delitti puniti con la pena della reclusione superiore nel massimo a tre anni, in presenza di determinati reati.

I presupposti per l'adozione del provvedimento di allontanamento dalla casa familiare da parte del giudice competente, su richiesta del pubblico ministero, ai sensi degli artt. 291 e ss. c.p.p., sono quelli di legge previsti per tutte le misure cautelari personali, di cui agli artt. 273, 274 e 275 c.p.p.

L'applicabilità della misura cautelare in sede penale è correlata alla sussistenza di un reato per il quale siano stati acquisti dall'organo requirente gravi indizi di colpevolezza a carico dell'autore.

La protezione introdotta dall'art. 282-*bis* c.p.p. è assicurata dalla previsione di tre misure cautelari nei confronti dell'autore della violenza domestica: misure coercitive, come l'ordine di allontanamento e l'ordine di lasciare immediatamente la casa familiare; misure interdittive, quali il divieto di far rientro nella casa familiare e il divieto di avvicinarsi a luoghi abitualmente frequentati dalla vittima e misure accessorie patrimoniali, come l'ingiunzione di pagamento di un assegno periodico in favore dei conviventi che rimangano privi di mezzi adeguati.

Quanto al divieto di avvicinamento, ai sensi del comma 1 dell'art. 282-*ter*, il magistrato può prescrivere al destinatario della misura di "*non avvicinarsi a determinati luoghi abitualmente frequentati dalla persona offesa ovvero di mantenere una determinata distanza da tali luoghi e dalla persona offesa stessa*".

Queste prescrizioni possono estendersi anche ai prossimi congiunti della persona offesa o da persone con questa conviventi o comunque legate da relazione affettiva.

La protezione è stata assicurata inoltre con l'introduzione del reato di *stalking*.

L'art. 612-*bis* c.p. sancisce che: "Salvo che il fatto costituisca più grave reato, è punito con la reclusione da sei mesi a quattro anni chiunque, con condotte reiterate, minaccia o molesta taluno in modo da cagionare un perdurante e grave stato di ansia o di paura ovvero da ingenerare un fondato timore per l'incolumità propria o di un prossimo congiunto o di persona al medesimo legata da relazione affettiva ovvero da costringere lo stesso ad alterare le proprie abitudini di vita. La pena è aumentata fino alla metà se il fatto è commesso a danno di un minore, di una donna in stato di gravidanza o di una persona con disabilità di cui all'art. 3 della legge 5 febbraio del 1992, n. 104, ovvero con armi, o da persona travisata. Il delitto è punito a querela della persona offesa. Il termine per la proposizione della querela è di sei mesi. Si procede tuttavia d'ufficio se il fatto è commesso nei confronti di un minore o di una persona con disabilità di cui all'art. 3 della legge 1 febbraio 1992, n. 104, nonché quando il fatto è connesso con altro delitto per il quale si deve procedere d'ufficio".

Il reato di stalking è stato istituito dalla Legge n. 38 dell'aprile 2009, che ha convertito il D.L. 23 febbraio 2009, n. 11. Misure urgenti in materia di sicurezza pubblica e di contrasto alla violenza sessuale, nonché in tema di atti persecutori.

Il reato di *stalking* consiste nell'ossessionare una persona con atti persecutori o molesti, tali da provocare nella vittima uno stato di ansia o di paura per la propria incolumità o per quella dei propri familiari.

Gli atti persecutori possono consistere in ripetuti contatti telefonici, email, messaggi, lettere, inviti insistenti, sino a giungere a pedinamenti, appostamenti, minacce, danneggiamenti.

La persona vittima di atti persecutori può richiedere l'intervento delle Forze di Polizia al fine di ottenere l'ammonimento dal Questore, come previsto dall'art. 8 del D.L. 23 febbraio 2009, n. 11.

L'ammonimento è un provvedimento amministrativo che ha una funzione cautelare e preventiva al fine di evitare che gli atti persecutori siano ripetuti con esiti irreparabili.

L'ammonimento viene emesso dal Questore e consiste in una sorta di "richiamo" nei confronti dello *stalker*, con l'invito a cessare ogni condotta di carattere persecutorio.

Al fine di richiedere l'ammonimento la vittima potrà recarsi personalmente al Comando dei Carabinieri, esponendo i fatti e gli atti persecutori o le molestie che motivano la richiesta, comunicando l'identità del soggetto responsabile.

Qualora nonostante l'ammonimento lo *stalker* reiteri gli atti persecutori, il reato diviene perseguibile d'ufficio: la vittima potrà riferirlo all'Autorità che, automaticamente, avvierà la procedura penale, senza che la vittima debba presentare querela.

In alternativa la vittima potrà da subito presentare querela, senza rivolgersi al Questore per l'ammonimento: depositando la querela, la vittima di *stalking* esprime la volontà di voler perseguire penalmente l'autore del comportamento persecutorio.

Il sistema normativo, di fatto, offre un'ampia gamma di "rimedi" che spesso, nella pratica, risultano però insufficienti o tardivi.

Per quanto riguarda gli errori giudiziari, legati al tema della violenza, questi rappresentano un grave problema in Italia e in tutto il mondo.

Per errore giudiziario, in senso puramente tecnico, si intende la divergenza tra il fatto storico ed il suo accertamento processuale.

Gli errori giudiziari possono accadere quando il sistema giudiziario commette errori nell'identificazione del colpevole o nell'applicazione delle pene.

Ciò, tendenzialmente, può scaturire dall'alterazione del quadro probatorio o dall'errata, omessa o carente valutazione delle prove fornite in atti.

Si può trattare di prove mal interpretate dai Giudici, di prove inquinate dalle parti stesse del giudizio, di prove di errata o parziale ricostruzione per via testimoniale.

Conseguentemente ci si trova di fronte ad una decisione ingiusta.

Nel caso della violenza, gli errori giudiziari possono avere conseguenze devastanti, poiché le vittime possono essere esposte a ulteriori violenze e ingiustizie.

Nell'ambito del diritto di famiglia, dove le parti in causa sono persone fisiche e le decisioni giudiziarie incidono su diritti personalissimi dell'individuo (che coinvolgono altresì i minori), le conseguenze possono essere tanto dilanianti, quanto irrecuperabili.

Ed invero, non di rado nei Tribunali si può assistere a scenari in cui l'uomo si vede, per anni, rilegato a svolgere il suo legittimo ruolo di padre per sole poche ore al mese, il tutto all'ingombrante presenza di assistenti sociali, educatori o terzi qualificati.

La prassi giudiziaria nel processo civile, infatti, di fronte ad un uomo accusato del reato di maltrattamenti in famiglia, ai sensi dell'art. 572 c.p., prevede perlopiù rimedi assolutamente estremi, anche in assenza di qualsivoglia sentenza penale di condanna.

Il tutto in violazione e contrasto con il nostro ordinamento che, ai sensi dell'art. 27, comma 2, della Costituzione che afferma come "*l'imputato non è considerato colpevole sino alla condanna definitiva*".

Per condanna definitiva si intende la decisione che accerti incontrovertibilmente la responsabilità penale dell'individuo, decisione contro la quale non sia più possibile proporre impugnazione.

Plurimi sono i casi in cui i giudizi di separazione o divorzio vengono introdotti dalla donna contestualmente ad una denuncia per il reato di maltrattamenti in famiglia, cui soventemente consegue una limitazione del diritto di visita padre-figli già in sede di emanazione dei c.d. provvedimenti "provvisori ed urgenti".

Se è pur vero che in caso di errori giudiziari, le vittime hanno il diritto di fare appello e di richiedere la revisione del processo, le conseguenze spesso comportano dei danni che nessun risarcimento potrebbe sanare.

L'unica soluzione parrebbe la prevenzione degli errori stessi, che richiede sistema giudiziario trasparente, imparziale e professionale, con l'obiettivo di garantire la giustizia per tutte le persone coinvolte in un processo.

1.4. Il Codice Rosso e il "fenomeno delle false accuse"

Per capire cosa accade nella realtà giudiziaria quando si attiva un Codice Rosso, è bene prima sondare la legge stessa e analizzare cosa essa dice.

Cominciamo con l'approfondimento di alcune nozioni, definizioni e leggi che gravitano attorno al concetto di violenza, violenza domestica e come queste definizioni sono messe in pratica dalla legge.

La Convenzione sulla prevenzione e la lotta alla violenza contro le donne e la violenza domestica definisce la "*violenza nei confronti delle donne*" come la "*violazione dei diritti umani e una forma di discriminazione contro le donne, comprendente tutti gli atti di violenza fondati sul genere che provocano o sono suscettibili di provocare danni o sofferenze di natura fisica, sessuale, psicologica o economica, comprese le minacce di compiere tali atti, la coercizione o la privazione arbitraria della libertà, sia nella vita pubblica, che nella vita privata*" (art. 3, lett. a); mentre, con l'espressione "*violenza domestica*" designa "*tutti gli atti di violenza fisica, sessuale, psicologica o economica che si verificano all'interno della famiglia o del nucleo familiare o tra attuali o precedenti coniugi o partner, indipendentemente dal fatto che l'autore di tali atti condivida o abbia condiviso la stessa residenza con la vittima*" (art. 3, lett. b).

È importante notare che vi è una distinzione tra violenza di genere ovvero violenza contro le donne e violenza domestica.

La violenza domestica non ha un genere e comprende la violenza tra *partner* o coniugi che abbiano una relazione; quindi, vuole dire che chiunque può essere vittima e dovrebbe poter usufruire del Codice Rosso.

Ma nello specifico cos'è il Codice Rosso e cosa prevede?

Il Codice Rosso è una disciplina normativa che regola il fenomeno della violenza di genere e del femminicidio.

È stata introdotta in Italia nel 2019 con la Legge n. 69/2019, con l'obiettivo di prevenire e contrastare la violenza contro le donne attraverso una serie di misure e interventi specifici.

In particolare il Codice Rosso prevede l'adozione di protocolli operativi per le forze dell'ordine e per i servizi sanitari e sociali, con lo scopo di garantire una maggiore efficacia nelle indagini e nella tutela delle vittime.

È stata poi prevista l'istituzione di un numero verde nazionale per l'assistenza alle donne vittime di violenza e la creazione di un registro nazionale degli autori di violenza di genere.

La Legge n. 69 del 19 luglio 2019 sul Codice Rosso prevede:

– l'istituzione di nuovi reati, come il femminicidio;

– l'aggravamento delle pene dei reati commessi in ambito familiare o in occasione dell'interruzione di relazioni familiari, come separazione e divorzio, (nello specifico, si tratta dei maltrattamenti contro i familiari conviventi, degli atti persecutori, degli atti sessuali con minorenni, della violenza sessuale, della violenza sessuale di gruppo);

– l'accelerazione delle indagini nei procedimenti per i reati di violenza sessuale, stalking, maltrattamenti e lesioni le cui denunce/querele devono essere trasmesse senza ritardo alla Procura;

– che il pubblico ministero (pm) ascolti la persona offesa e/o il denunciante entro tre giorni dall'iscrizione della notizia di reato nel registro della procura.

Con questa Legge, il legislatore ha tentato di stabilire delle norme in grado di rafforzare la tutela delle vittime della violenza di genere e, in particolare, di violenza domestica (ricordiamo sempre che nella definizione di violenza domestica rientrano non solo le vittime femminili ma anche quelle maschili, ovvero tutte le persone senza alcuna distinzione).

Il Codice Rosso, quindi, impone alla magistratura e alle forze dell'ordine di dare priorità ai reati di cui al paragrafo precedente, purché però rientranti nell'ambito della violenza domestica o di genere.

Ciò significa che la denuncia per *stalking* nei confronti di un collega di lavoro oppure di un conoscente occasionale non fa scattare la procedura d'urgenza.

La legge, dunque, dice esplicitamente che il Codice Rosso è per le vittime di violenza domestica e per le vittime di genere, dove con genere si intende il genere femminile.

Stando alla legge però, tutte le persone vittime di violenza domestica dovrebbero poter accedere al Codice Rosso.

Ma cosa accade nella realtà quando è un uomo a recarsi dalla polizia o in pronto soccorso per denunciare la compagna o la moglie per violenza domestica?

Quando è un uomo a chiedere il Codice Rosso e a presentarsi in ospedale per farsi refertare o va a denunciare le violenze subite, il Codice Rosso e tutta la procedura a esso relativa non si attiva.

Questo accade perché ormai è pensiero comune ed esteso che l'uomo non può essere vittima e di conseguenza anche la legge viene mal interpretata. Accade che la legge per il Codice Rosso viene applicata solo ed esclusivamente per le donne senza tenere conto che la violenza domestica è legata a tutte le persone vittime senza distinzione di genere.

Questo è assolutamente discriminatorio.

Pensiamo ad esempio al semplice fatto che quando parliamo di vittime maschili, non stiamo parlando solo di uomini adulti ma rientrano in questa categoria anche adolescenti, anziani, disabili o persone omosessuali o che possono aver cambiato sesso.

Queste categorie di persone posso essere vittime di violenza domestica, di *stalking*, di maltrattamenti o altre forme di violenza da parte di chiunque, anche da parte del genere femminile (non è inusuale che vi siano madri sadiche che compiono azioni maltrattanti nei confronti dei propri figli o di figlie nei confronti dei propri genitori anziani o disabili).

Eppure, in tutti questi casi il Codice Rosso non si attiva e l'uomo o comunque la persona di sesso maschile non può usufruire dell'emergenza e della tempestività che il Codice Rosso garantisce alle vittime femminili.

La domanda sorge spontanea: perché questa discriminazione?

Inoltre (e problema non da meno) siamo sempre così sicuri che tutte le donne che denunciano una violenza siano credibili a prescindere e che il problema della credibilità possa risolversi con l'ascolto emergenziale nei primi tre giorni?

Purtroppo, ad oggi il problema delle false accuse è diventato una vera piaga sociale perché fin troppo spesso il Codice Rosso viene usato per allontanare l'uomo dalla casa familiare e dai figli in un moto di vendetta e rancore, soprattutto nelle separazioni conflittuali o nelle dinamiche relazionale malate, disfunzionali e patologiche.

Questo accade perché la tempestività del Codice Rosso, che nasce per tutelare subito le vittime (anche se poi spesso sono solo donne) di violenza domestica dal carnefice ha portato ad usare tale codice per avvallare false accuse e utilizzare il regime di allontanamento familiare del codice stesso.

Infatti, non appena la vittima viene ascoltata, senza avere ancora nessuna prova a suo carico, ma solo il suo racconto, il coniuge o *partner* (praticamente sempre il padre) viene allontanato dal nucleo familiare e viene sottoposto a misura cautelare. Quindi non solo non si potrà avvicinare alla vittima ma nemmeno potrà più vedere i propri figli, se non in spazio protetto con l'ausilio dei Servizi Sociali.

Certo, se il maltrattante è veramente violento questa procedura è assolutamente valida, ma se non è così? Ovvero se l'accusa a fronte delle prove si dimostra falsa cosa accade?

Rispondiamo con le seguenti dichiarazioni di professionisti del settore.

Queste dichiarazioni danno la percezione della portata del problema delle false accuse e di come in Italia questa legge sia stata strumentalizzata:

> «*I maltrattamenti in famiglia stanno diventando un'arma di ritorsione per i contenziosi civili durante le separazioni ...*».
>
> «*... è appurato che le versioni fornite dalle presunte vittime sono gonfiate ad arte. Solo in 2 casi su 10 si tratta di maltrattamenti veri, il resto sono querele enfatizzate e usate come ricatto nei confronti dei mariti durante la separazione ...*».
>
> «*una tiratina d'orecchi ai centri antiviolenza, che istigano a denunciare senza fare la dovuta azione di filtro, ma poi si disinteressano di come va a finire ...*» [Carmen Pugliese, Sostituto Procuratore c/o Trib. di Bergamo – inaugurazione anno giudiziario 2009, previa autorizzazione del Proc. Gen Addano Galizi, 29 gennaio 2009].
>
> «*Sempre più spesso si ricorre alla querela del coniuge o del convivente per risolvere a proprio favore i contenziosi civili per l'affidamento dei figli o per l'assegno di mantenimento ...*» [Barbara Bresci, Sostituto Procuratore c/o Trib. di Sanremo – *Il Secolo XIX*, 25 novembre 2009].

«Onestà intellettuale vuole che (...) si parli anche dei casi di "false" violenze o meglio di "false" denunce di violenza subita ...».

«Inutile dire che per l'esperienza fatta le false denunce provengono quasi nella totalità da donne, spesso madri che in tal modo tentano di allontanare gli ex mariti dai figli ...» [Jacqueline Monica Magi, Sostituto Procuratore c/o Trib. di Pistoia – *il Sole 24 Ore*, 25 ottobre 2009].

«L'accusa di violenza sessuale è il modo più facile per estromettere il padre dalla vita dei figli. La donna non solo si libera del partner come coniuge ma anche come padre, facendolo uscire definitivamente dalla sua vita ...».

«La legge attuale non garantisce né il padre, né il minore. Per quanto riguarda il bambino (...) quando si rivela la falsa accusa, che di solito è fatta su istigazione della madre, la situazione si rivolta proprio contro di lui ...» [Maria Carolina Palma, CTU c/o Trib. di Palermo – *Avvenire*, 13 aprile 2009].

«Credo che la tendenza stia crescendo: questo è sintomo di un disagio della mancanza di un punto d'ascolto. [...] Ad adottare questi sotterfugi sono sempre le donne: se la separazione è in corso, non ci sono strumenti prima dell'udienza per allontanare uno dei due genitori da casa. L'ordine di allontanamento giunge solo in caso di violenza fisica, ed ecco perché arrivano le denunce verso mariti, per la maggior parte dei casi inventate» [Clara Cirillo – Presidente AGI (Associazione Giuristi Italiani) 4 febbraio 2010].

«... le false accuse di maltrattamenti, percosse, abusi sessuali e violenze di vario genere su donne adulte e figli minori – le querele costruite al solo scopo di eliminare l'ex marito dalla vita dei figli – oscillano nelle procure italiane da un minimo del 70 ad un massimo del 95% ...» [Sara Pezzuolo, Psicologa giuridica – Convegno ANFI (Associazione Nazionale Familiaristi Italiani) Firenze, 29 aprile 2010].

«... il "vizietto" nostrano di approfittare della legge, quando c'è, proprio non vuole morire. E, spesso si configura un reato, legato al mero interesse (economico) della presunta vittima di molestie. Non è un caso che spesso si ricorra alla querela del coniuge o del convivente per risolvere a proprio favore i contenziosi civili per l'affidamento dei figli o per l'assegno di mantenimento» [Valentina Noseda – giornalista, consulente RAI].

«... una ricerca pubblicata dal Prof. Giovanni Camerini della Cattedra di NPI a Modena, relativa ad una casistica di 60 denunce di abuso sessuale all'interno di separazioni conflittuali, porta ai seguenti risultati: 3 casi di condanna, i rimanenti 57 esitati in archiviazione, proscioglimento in istruttoria o assoluzione perché il fatto non sussiste. Sarebbe utile indagare sulle conseguenze, non solo per gli adulti ma per gli stessi bambini, di questi coinvolgimenti in denunce infondate. Occorre più ricerca sull'uso strumentale delle denunce di abusi, oltre ad un'inchiesta sul modus operandi dei centri che le favoriscono ...» [Benedetta Priscitelli, neuropsichiatria infantile, Modena].

«... *false denunce generate nel contesto delle controversie legali della separazione. È quest'ultimo l'ambito nel quale viene evidenziata la maggiore incidenza (...) in letteratura l'accento è stato posto sulle ripercussioni per il minore abusato che non viene creduto, ma anche nel caso di una falsa denuncia ritenuta fondata il bambino è destinato a subire un trauma.(...) non solo rimane intrappolato nella spirale dell'iter processuale, ma è avviato a percorsi terapeutici per vittime di abuso (...) invasivi e potenzialmente iatrogeni*» [Jolanda Stevani, Psicologa Forense, CTU c/o Trib. Di Roma – *Psicologia Contemporanea*, novembre 2010, p. 18 – Polizia Moderna – organo ufficiale della Polizia di Stato].

«*(...) si registra una epidemia di denunce nei confronti di ex mariti e padri degeneri accusati, fra l'altro, di maltrattamenti ed abusi sessuali sui loro stessi figli. Alcune di queste accuse sono purtroppo fondate come recenti e terribili fatti di cronaca confermano, ma la maggior parte di esse, spesso le più infamanti, si dimostrano, dopo un iter doloroso e certamente non breve, false o inattendibili. Le denunce "false" costituiscono un'ampia gamma di resoconti non corrispondenti alla verità/realtà dei fatti che vanno dalle dichiarazioni menzognere sostenute dalla precisa volontà e finalità di danneggiare l'ex marito-padre, alle dichiarazioni erronee a causa di una interpretazione distorta ...*» [da poliziadistato.it/poliziamoderna/articolo giugno/luglio 2011].

Le false accuse possono essere mosse per motivi frivoli e personali, come vendetta o gelosia, ma possono avere conseguenze devastanti per la vita della persona accusata, fino ad arrivare al carcere.

Per prevenire le false accuse, è importante che le autorità legali conducano inchieste approfondite e imparziali, che garantiscano il rispetto dei diritti della persona accusata.

Ancor prioritario sarebbe educare la società sulle conseguenze delle false accuse ed applicare in concreto le dovute conseguenze legali per coloro che le fanno.

Capitolo Secondo

La psicologia della violenza[*]

SOMMARIO: 2.1. Caratteristiche psicologiche dell'uomo vittima di violenza. – 2.2. Caratteristiche psicologiche della donna maltrattante: manipolazione, svalutazione, ricatti. – 2.3. L'uomo che non denuncia: un problema sociale e antropologico. – 2.4. Quale aiuto e sostegno per le vittime maschili?

2.1. Caratteristiche psicologiche dell'uomo vittima di violenza

Nel lessico comune la violenza interpersonale è associata a tutte quelle forme di abuso fisico e psicologico attuate dagli uomini sulle donne. L'urgenza data dal sempre crescente numero di omicidi di donne in Italia ha sollevato, comprensibilmente, non solo sdegno ma la necessità di creare delle forme di restrizione *ad hoc* per chi si macchia di questi reati.

L'urgenza nel definire questa tipologia di omicidi ha portato all'introduzione di un termine che denota un reato specifico, ossia il Femminicidio [1] quale forma estrema e finale di violenza, anche come conseguenza di molteplici episodi di abusi sulla donna, in quanto donna. In Italia dal 2013 entra a pieno titolo la parola femminicidio tradotta dall'inglese *Femicide* che fu utilizzato per la prima volta dalla criminologa statunitense Diana Russell in occasione della strage di donne di Ciudad Juarez[2].

---

[*] Con la collaborazione della Dott.ssa Anna Maria Casale, psicologa e criminologa e della Dott.ssa Fulvia Siano, psicologa clinica e giuridica.

[1] Si Veda A.M. CASALE, *Il Femminicidio*, in A.M. CASALE, P. DE PASQUALI, M.S. LEMBO, *Profili criminali e psicopatologici del reo*, Maggioli, Santarcangelo di Romagna, 2014, p. 189.

[2] Nel 1992 Diana Russell fu la prima ad utilizzare il termine femminicidio nel suo libro *Femicide: the politics of woman killing* indicando con questo termine l'uccisione della donna in quanto donna.

L'interesse crescente per questa importante ed urgente fattispecie di reato ha però, purtroppo, fatto ricadere l'attenzione viepiù ed esclusivamente sulla violenza dell'uomo verso la donna, derubricando inconsapevolmente, la violenza della donna nei confronti dell'uomo, come un atto di secondaria gravità. Dall'esperienza clinica ma soprattutto giuridica si nota quanto questo fenomeno che ha certamente meno urgenza sociale, venga però troppo spesso minimizzato o, talvolta, inconsiderato. L'uomo per sua natura viene percepito come dominante, colui che avendo maggiore forza fisica rispetto alle donne non possa subire atti di violenza fisica né, essendo più aggressivo emotivamente, atti di violenza psicologica; viceversa la donna è considerata storicamente meno avvezza alla violenza in quanto portatrice di una maggiore sensibilità, senso di cura e protezione [3].

Eppure come da molti dichiarato da un punto di vista giuridico, è necessario garantire che ogni persona sia uguale dinanzi alla legge e abbia diritto ad una uguale tutela senza discriminazioni.

Invece la differenza data da una particolare tipologia di vittime definita dal genere o dal sesso biologico andrebbe a minare i principi di uguaglianza sancito anche dalla Costituzione Italiana nonché dalla Dichiarazione Internazionale dei diritti dell'uomo [4].

Questa differenza tra sessi di natura sociale, culturale, biologica, psicologica, però, non considera i numerosi fenomeni di violenza, che sono perpetuati spesso ma altrettanto spesso sono celati per svariati motivi; la violenza non è solo unilaterale, tutt'altro, gravi forme di abuso attuato dalle donne contro gli uomini sono spesso nascoste dagli uomini stessi per vergogna, per la paura di non essere creduti, per evitare lo scherno sociale. Sentimenti di umiliazione sono spesso il motivo per cui gli uomini non denunciano né parlano delle violenze o maltrattamenti subiti. Ancor di più difficile ammissione è la violenza o le molestie sessuali.

La violenza intrafamiliare più spesso di quanto si creda ha come vittime gli uomini, così come spesso accade per le donne, in numero ancora superiore, ciò che succede tra le mura domestiche non viene conosciuto all'esterno, il disagio infatti aumenta quando a dover chiedere aiuto o protezione è il sesso, così detto, forte. Queste motivazioni fanno aumentare ciò che in cri-

---

[3] A.M. Casale, P. De Pasquali, M.S. Lembo, *Vittime di crimini violenti*, Maggioli, Santarcangelo di Romagna, 2014.

[4] V. Lusa, M. Borrini, *75° Conference American Accademy Forensic Scienze*, Orlando (Florida), 2023.

minologia è chiamato il "numero oscuro" la definizione di "oscuro" deriva dal fatto che si parla di crimini che sono nascosti, non vengono alla luce ed alla conoscenza né socialmente né giuridicamente ma restano celati, in questo caso, dentro le mura domestiche.

Tali forme di abuso, sono molto meno conosciute anche poiché raramente arrivano all'attenzione della cronaca in quanto la violenza che subisce l'uomo non porta generalmente all'omicidio. Seppur non si arrivi all'atto estremo, l'aggressività femminile assume sempre più le forme di aggressività fisica con graffi, morsi, tirate di capelli, lanci di oggetti, dita schiacciate, folgorazioni fino ad arrivare all'acidificazione della vittima. Le denunce, però, sono molto poche come già detto a causa di vergogna ed umiliazione.

Eppure la violenza contro gli uomini è stata oggetto di dibattito presso il Consiglio d'Europa. In Inghilterra e in Galles il Ministero dell'Interno ha monitorato il fenomeno dal 2005 ad oggi, valutando che se in passato il divario tra violenza subita da donne e uomini era molto ampio, ad oggi invece si parla di 7,9% di donne e 4,2% di uomini. Seppur la differenza è ancora sostanziale non bisogna arginare i casi in cui gli uomini sono vittime, come sporadici o marginali.

In Italia anche alcuni regionali Ordini degli Psicologi, in particolare l'Ordine dell'Emilia Romagna, si stanno occupando del fenomeno che assume sempre più impatto sociale, ravvisando nelle donne la capacità sempre più manifesta e frequente di utilizzare violenza in ambito familiare sia sugli uomini che sui bambini, e seppur in assenza di ricerche quantitative in tal senso, si parla di violenza psicologica accertata.

Questa tipologia di violenza è talvolta difficile da riconoscere in breve tempo, anche dalle stese vittime, perché si nasconde dietro ciò che sembra una "modalità relazionale" pertanto non la si riconosce subito, quindi, come forma grave di manipolazione ed esercizio del potere e di controllo inflitto alla persona. Dall'indagine effettuata in Emilia Romagna si è osservato che mentre sono chiare le violenze e di conseguenza i dati statistici per la violenza sulle donne, sono invece incerti quelli su bambini e uomini. Le donne infatti, sottolineano gli psicologi, sono più propense ad utilizzare violenza psicologica che è una forma sottile ed insidiosa perché non lascia segni evidenti, nascosta all'interno delle mura domestiche e quindi troppo spesso sottovalutata. Questa forma di abuso, invece, rappresenta una delle più forti e distruttive forme di potere e controllo da esercitare sulla persona, è un modo per far perdere alla vittima la consapevolezza del proprio valore sia come uomo, che come marito e padre. Quando la manipolazione ha i suoi effetti, proprio come accade per le donne, le vittime non riescono talvolta a ribellarsi in quanto perdono di dignità, di consapevolezza del proprio valore e dei loro diritti, entrando in un vortice relazionale dato proprio dalla differenza di ruoli tra aggressore e vittima.

Secondo uno studio dell'Università di Siena effettuato nel 2012 su un campione di uomini tra i 18 e i 70 anni è merso che 5.000 uomini aveva subito da donne nella vita una forma di violenza riconducibile a spintoni, graffi, tirate di capelli, morsi, lanci di oggetti fino ad arrivare a forme più gravi come la violenza sessuale. Numeri molto alti di violenza si ritrovano nelle fasi di separazione in cui nel 75,4% abbiamo insulti e umiliazione; 47,1% distruzione, danneggiamento di beni, minacce; 68,4% minacce di togliere i beni e ridurre in rovina; 58,2% minaccia di portare via i figli.

In Germania nel 2020 è stato compiuto uno studio che ha rilevato che 1 uomo su 10 abbia subito violenza fisica e 1 su 4 abbia subito violenza psichica da parte del partner.

Per comprendere appieno questo fenomeno, capirne la gravità e le motivazioni psicologiche e relazionali, dobbiamo analizzare non solo i comportamenti ed i tratti dell'autore del reato ma anche e ancor più in particolare, quelli della vittima.

La vittimologia come scienza si individua nel 1948 anno in cui venne pubblicata l'opera di Hans Von Henting *The criminal and his victim* in cui per la prima volta si sviluppa uno studio organico attraverso l'interpretazione del reato come evento duale e dinamico.

L'attenzione si sposta dall'autore del reato a colui che lo subisce, sulle sue caratteristiche ed in particolare sul ruolo che, volontariamente o involontariamente, la vittima assume nel fenomeno in oggetto. Nel 1949 lo psichiatra Wertham parla di "vittimologia", da questo momento il soggetto vittima non è più percepito come mero soggetto passivo, bensì, attraverso interviste con coloro che avevano subito violenza, si individuano le caratteristiche, i rapporti e le interazioni col vittimizzatore, oltre che il ruolo della vittima ed il suo eventuale contributo, inconsapevole, nella genesi della violenza. Da questi studi si arriva ad analizzare sia il ruolo dell'autore di reato sia quello della vittima che si influenzano reciprocamente nell'origine del reato poiché tra i due si genera una interazione che sviluppa la dinamica delittuosa.

Questa nuova visione del fenomeno criminale ci ha insegnato a studiare le caratteristiche delle vittime e capirne gli elementi di fragilità ed i tratti che rendono questi soggetti tali, per poter svolgere dei lavori sostanziali atti alla prevenzione dei fenomeni.

Ebbene, da questi studi si riescono a delineare degli elementi comuni tra gli uomini che subiscono violenza dalle donne. Coloro che si accompagnano a donne con tratti aggressivi seppur inizialmente latenti, sono caratterizzati da personalità gregarie, tendenzialmente con bassa autostima e alla ricerca di approvazione ed amore. Generalmente parliamo di soggetti suggestionabili con tendenza alla sottomissione e necessità di approvazione e di consenso da parte degli altri. Tali caratteristiche sono causa di relazioni disequilibrate e non paritarie. Per tali motivi la scelta del partner può avvenire non tanto per seguire una spinta legata all'amore ed al benessere, bensì dettata dalla necessità di sentirsi accettati e dalla spinta di colmare la personale percezione di sentirsi incompiuti. In molti casi, le vittime hanno già subito in occasioni precedenti della loro vita o hanno già vissuto episodi simili nella famiglia d'origine.

Tali uomini per loro natura e personalità sono le prede prescelte da donne che usano l'arte della seduzione e del fascino per conquistare la loro fiducia, uomini che hanno bisogno di essere amati e che necessitano di attenzioni per aumentare il loro narcisismo. Tanto più la donna li circuisce tanto più loro si fidano arrivando ad affidare i loro beni, a sposarle anche dopo poco tempo dalla conoscenza.

La disparità emotiva nella relazione resta silente fino a quando la coppia entra in conflitto, momento in cui emergono disparità emotive ed aggressività. L'uomo, che resta nel conflitto in posizione passiva, tende non solo a sottoporsi all'aggressività ma anche a restare inerme non mettendo in atto degli adeguati comportamenti evitanti né allontanandosi dalla dinamica patologica. In questo caso si genera ciò che è conosciuto come circuito della violenza per cui il carnefice vede che la propria aggressività non è adeguatamente contrastata e sente di poter continuare a sottoporre la vittima alle sue azioni vessatorie che possono diventare, con l'andare avanti del tempo, sempre più frequenti e/o aumentare di impetuosità.

Un uomo che subisce violenza, tanto quanto una donna, prova sentimenti di umiliazione, paura, disagio, dolore e senso di colpa.

In altri casi, invece, l'uomo che sente di essere umiliato ed aggredito nel tempo, può reagire con veemenza ed altrettanta aggressività diventando, a suo modo violento. Questa violenza maschile più impetuosa, però, è quasi sempre percepita come di maggiore gravità e maggiore pericolosità. né mai valutata come reazione a continue provocazioni, vessazioni ed umiliazioni.

La violenza psicologica è data da atteggiamenti intimidatori e vessatori messi in atto dal partner nonché da comportamenti finalizzati all'isolamento, alla squalificazione della persona, fino ad arrivare a quello che è definito "omicidio psicologico" con questo termine si intende l'annientamento della persona che diventa un soggetto differente, perdendo la stima in sé e subendo dei gravi danni psicologici e psicopatologici. È una forma di violenza subdola che genera danni su periodi prolungati di esposizione alle denigrazioni e mortificazioni ma anche silenzi, mancanze affettive creando uno stato di soggezione ed insicurezza. A queste forme di violenza si aggiungono quasi sempre anche quelle di tipo economico ed in alcuni casi quelle fisiche.

Una gravissima forma di violenza psicologica contro il genere maschile viene sempre più spesso perpetrata durante la separazione e l'affidamento dei figli, con delle vere e proprie campagne denigratorie, allontanamento fisico ed emotivo dagli stessi. Attraverso quello che è ormai è conosciuta come Alienazione Genitoriale, le madri usano il loro potere dato dal ruolo che le vede, soprattutto nei primi anni di vita dei figli, come figure prevalenti nell'accudimento degli stessi, ruolo che troppo spesso viene usato per estromettere il padre per fini esclusivamente egoistici o legati a sentimenti di vendetta. Tali uomini si trovano inermi ed imbrigliati in situazioni in cui non possono comunicare direttamente con i figli o perché troppo piccoli per autogestirsi o perché manipolati dalle madri. Queste condizioni portate quasi sempre alle estreme conseguenze portano a rotture irreparabili ed insanabili tra padri e figli ledendo non solo la dignità, il benessere degli uomini ma anche quella dei figli a cui sono sottratti degli affetti imprescindibili ed insostituibili.

Altro fenomeno di violenza psicologica è il *mobbing* familiare con questo termine si definiscono i comportamenti di violenza non solo fisica ma verbale e psicologica atti a svilire, ridurre in soggezione, manipolare il partner.

Vivere in condizioni di paura, violenza perpetrata nel tempo, prolungata sofferenza fisica o psichica espone la vittima a gravi rischi per la salute, si può arrivare a configurare un quadro sintomatologico sia fisico che psicologico. Tra le conseguenze conosciute troviamo disturbi post-traumatici da stress, depressione, disturbi d'ansia, pensieri suicidi.

L'essere vittima è un'esperienza dinamica che procede con un'evoluzione della quale non si ha subito cognizione. Il processo di vittimizzazione è lungo così come lo è il processo di consapevolezza talvolta ostacolato da pregiudizi, credenze culturali, religiose, sociali. La presa di coscienza del proprio *status* mette il soggetto di fronte alle proprie fragilità e debolezza, ma è solo attraverso questo passaggio che si può trovare la forza e la possibilità di uscire dalla sottomissione.

In Italia purtroppo i centri anti-violenza sono dedicati quasi esclusivamente alle donne, in altri paesi, invece, l'attenzione alla violenza è indipendente dal genere. Pertanto, poche sono le strutture a cui, una volta usciti dalla fase della vergogna che fa nascondere il soggetto, ci si può rivolgere non solo per un aiuto psicologico imprescindibile in questi casi ma anche giuridico e non di ultima importanza economico. L'umiliazione inferta passa, infatti, troppo spesso anche per la deprivazione dei beni materiali che rendono l'uomo non solo spogliato della propria dignità ma a cui vengono anche sottratti i propri averi.

2.2. Caratteristiche psicologiche della donna maltrattante: manipolazione, svalutazione, ricatti

Le radici della criminalità femminile possono farsi risalire a tempi ben lontani, l'infanticidio, ad esempio, ha profonde radici nella storia, nella cultura e nella mitologia. Di criminalità femminile parlava già Lombroso che con Ferrero nel 1893 scrisse il primo volume *La donna delinquente* in cui troviamo la prima teoria sulla criminalità femminile nel mondo occidentale. Gli autori suddividevano le donne criminali in: criminali-nate, ree d'occasione, prostitute e ree per passione, queste ultime sono le vere delinquenti da poter paragonare agli uomini. Le donne criminali per Lombroso rappresentano una doppia eccezione sia in quanto criminali sia in quanto donne, poiché il criminale è già un'eccezione della civiltà e le donne criminali sono un'eccezione dei criminali stessi.

Lombroso riguardo alla criminalità femminile scriveva: "*abbiamo difatti visto quanto numerose siano le cause che conservano onesta la donna (maternità, pietà, debolezza, ecc.). Ora, se nonostante tanti ostacoli la donna commette delitti, è segno che la sua malvagità è enorme, perché è riuscita a rovesciar tutti quegli impedimenti*" [5].

Per comprendere la natura dei crimini, però, bisogna avere attenzione a molti fattori che giocano un ruolo significativo nello sviluppo e nella vita delle persone integrandosi ed interagendo tra loro. Tra gli elementi di studio abbiamo certamente la biologia, la genetica, la psicologia e l'ambiente sociale all'interno del quale un soggetto nasce e cresce. Interagendo tra loro i vari elementi creano delle peculiarità che portano allo sviluppo di personalità più o meno predisposte alla violenza e all'aggressività.

---

[5] C. LOMBROSO, G. FERRERO, *La donna delinquente, la prostituta e la donna normale*, F.lli Bicocca, Torino, 1923.

"Le teorie passate lasciano spazio a riflessioni più recenti secondo cui larga parte della criminalità femminile si sviluppa in linea con l'emancipazione della donna. Tanto più la donna diventa, si sente ed è percepita al pari dell'uomo, tanto più riesce ad adeguarsi a lui nel bene e nel male. La visione radicalmente differente tra potere dell'uomo e della donna, tra opportunità maschili e femminili, è quasi del tutto annullata ed è in questo assottigliamento di ruoli e di funzioni sociali e culturali che si colloca e cresce la violenza femminile" [6].

La violenza delle donne è sempre più simile a quella degli uomini in particolare quando parliamo di abusi in ambito familiare e relazionale.

Arrivando a comprendere il fenomeno in tempi più recenti non si può sorvolare sui crimini passionali che hanno come denominatore la spinta dettata dal *phatos* inteso come sentimento intenso ed incontrollabile che spinge una persona a ledere l'altra fino ad arrivare ad uccidere. Le donne uccidono sempre spinte da grandi passioni incontrollabili che possono nascere per un tradimento, voglia di libertà, vendetta, odio, abbandono o separazione. Di fatto esistono molteplici violenze e crimini commessi dalle donne e sono i medesimi degli uomini, esiste però, un crimine che è quasi ad esclusivo appannaggio femminile: il figlicidio.

Dallo studio delle psicobiografie emerge che le storie di vita di queste persone sono costellate da traumi che non sono stati superati. La persona che usa violenza ha vissuto in un ambiente inadeguato ed esposta a sua volta a violenza fisica o psicologica o ne è stata spettatrice inerme. Ciò porta ad una coazione a ripetere degli schemi acquisiti. La violenza attuata dalle donne ha caratteristiche differenti, è spesso più subdola di quella maschile, pertanto anche meno visibile, le donne sono spesso più abili degli uomini nel ricattare, umiliare e distruggere economicamente i loro partner. Ma la donna gode anche di una grande furbizia che risulta, spesso, elemento distintivo dei crimini da lei commessi.

Per tornare a forme di violenza più comuni e frequenti, all'interno di una relazione la donna può diventare autrice di violenza e maltrattamenti quando sente di avere un potere, reale o presunto, da usare contro il compagno/marito. La consapevolezza o la certezza che l'uomo non risponderà alle provocazioni ma soprattutto non reagirà alla violenza fisica, pone inconsapevolmente la donna in una posizione di superiorità psicologica. Tanto più la violenza è subdola e perpetrata nelle mura domestiche tanto più l'autrice di violenza si sentirà sicura ed inattaccabile, anche perché la violenza psicologica,

---

[6] Si Veda A.M. CASALE, *Uomini vittime di donne*, in A.M. CASALE, P. DE PASQUALI, M.S. LEMBO, *Vittime di crimini violenti*, Maggioli, Santarcangelo di Romagna, 2014, p. 79.

le denigrazioni, l'umiliazione sessuale sono molto difficilmente dimostrabili a differenza della violenza manifesta.

I meccanismi psicopatologici presenti nelle famiglie disfunzionali permeano le relazioni e si ripercuotono anche sulla personalità dei figli.

Queste donne maltrattanti sono caratterizzate da tratti narcisistici latenti, immaturità affettiva, incapacità nel controllo pulsionale. Talvolta esse stesse si rivolgono a professionisti, lamentando carenze affettive da parte del partner, in alcuni casi non accorgendosi della gravità delle loro azioni.

Gli ambiti d'azione femminili possono essere, così come per gli uomini, molteplici. Molto frequenti e molto attuali sono i crimini mossi dalla gelosia patologica in cui, così come accade per gli uomini, la donna sente di perdere l'oggetto del proprio amore, tale percezione è dettata non tanto da fattori reali bensì dal proprio delirio di gelosia. Il desiderio di possesso e di controllo pervadono i pensieri e diventano l'unico scopo ed argomento per la coppia.

Questa relazione disfunzionale e patologica trova le sue radici nel passato, nata dalla cattiva relazione costruita tra il soggetto ed i propri genitori, in particolare quello di sesso opposto, da un'affettività che non è stata adeguatamente colmata nell'infanzia e che in età adulta cerca inconsciamente la sua espressione e vendetta.

I tratti di personalità delle donne che commettono violenze sono ben definiti da immaturità, discontrollo degli impulsi, fissazione ad una fase di sviluppo infantile, mancanza di senso critico, mancanza di empatia, in alcuni casi troviamo psicopatologie (tra gli altri: disturbi antisociali, istrionici, *borderline*).

Tra i più comuni comportamenti finalizzati a sottomettere il partner abbiamo lo *stalking*. La stalker è una donna che mette in atto agiti persecutori, comportamenti intrusivi, controllanti, ripetuti e indesiderati per ricercare contatto, comunicazione ma soprattutto possesso. Talvolta queste donne possono essere affette da schizofrenia, disturbo delirante di gelosia o disturbi di personalità; più spesso presentano tratti alterati di personalità, in particolare tratti ossessivo-compulsivi e paranoidi; in altre occasioni hanno tratti antisociali, *borderline*, istrionici narcisista o dipendente. Il tratto comune è, come detto, l'immaturità affettiva. Tale caratteristica innesca un meccanismo di difesa in particolare, la proiezione. La gelosia patologica che si genera quando un partner si allontana mettendo inconsapevolmente in moto un comportamento che, essendo lontano dall'amore, spinge la persona a controllare la vittima per non perderla, per non lasciarla andare dal suo personale controllo. Nella gelosia ossessiva le immagini e le idee di infedeltà sono incoercibili, ogni pensiero è basato sull'infedeltà del partner che deve essere scoperto e messo di fronte alle proprie responsabilità, si è costantemente alla ricerca di segnali che vadano a confermare i sospetti [7].

La caratteristica psicologica della stalker è proprio la gelosia quale motore primario per qualsiasi pensiero ed azione, la vita del partner diventa un'ossessione per cui la necessità di controllo è indispensabile per placare le proprie ansie legate a tradimenti ed infedeltà di vario genere. La libertà del presunto amato diventa elemento da limitare, ciò che non può essere condiviso è percepito come pericoloso in quanto allontana l'oggetto della propria ossessione, da sé. A lungo andare si passa dalla paura del tradimento alla voglia di vendetta quando la relazione è giunta al termine, la finalità è creare una condizione per cui l'ex partner non abbia alcuna vita privata. La sensazione che la vita dell'amato possa continuare oltre la propria è un pensiero inammissibile, che si tende ad evitare ad ogni costo attraverso appostamenti, minacce, telefonate anonime, con il puro intento di spaventare la propria vittima e limitarne o meglio evitare qualsiasi tipo di interazione con il mondo esterno. Questo comportamento criminale è mascherato da ciò che la stalker dichiara essere amore ma che, ben lontano dall'esserlo, è esclusivamente un sentimento di possesso e il desiderio di assoggettare l'altro al proprio volere. La donna non percepisce alcuna sensazione di pentimento e senso di colpa per le limitazioni che infligge, tutt'alto, le giustifica denigrando l'altro che, sia per paura sia per evitare situazioni di reale pericolo, sarà costretto a fronteggiarla anche limitando la propria libertà. Tanto più questo accade tanto più la stalker percepirà di arrivare ai propri risultati, rinforzandosi nell'orgoglio.

L'ossessione che caratterizza lo *stalking* consiste in pensieri persistenti la cui centralità è la vittima, il tratto distintivo è il narcisismo e in riferimento a questo lo psicologo J.R. Meloy nel 1998 sviluppò un modello in cui sono previste sei fasi che caratterizzano l'azione ossessiva e manipolatoria dello *stalking*:

1. fantasia data dal legame narcisistico;
2. rifiuto continuo da parte dell'oggetto desiderato;
3. sentimenti di vergogna e umiliazione;
4. difesa rabbiosa verso quei sentimenti;
5. comportamento persecutorio, inteso come offesa, controllo, danneggiamento o distruzione dell'oggetto prima desiderato;
6. ripristino della fantasia del legame narcisistico.

---

[7] Si Veda G.B. Camerini, S. Rosa, *Violenza subita dagli uomini nelle separazioni giudiziali, in merito alla gestione dei figli*, in A.M. Casale, P. De Pasquali, M.S. Lembo, A. Esposito, *Donne e reato*, Maggioli, Santarcangelo di Romagna, 2015, p. 79.

Da queste fasi si evince che nonostante varie tappe da superare la fantasia data dal legame narcisistico ritorna ad essere sempre quella prevalente e pervasivo. Il profilo di personalità, però, è molto simile a quello di soggetti affetti da dipendenza affettiva che sono caratterizzati da una debole personalità, con paura di essere abbandonati così come avvenuto nell'infanzia. Questo è il motivo per cui il soggetto si lega patologicamente a qualcuno e per cui vive la relazione con la costante paura di essere lasciati e ricadere in traumatizzanti angosce abbandoniche [8].

Secondo Mastronardi l'eziologia dello *stalking* nasce da un disturbo dell'attaccamento che abbassa la soglia di tolleranza e la capacità di fronteggiare la perdita.

L'identikit della donna stalker è quello di eterossessuali con età compresa tra 30 e 35 anni, single spesso con patologie psichiatriche. Secondo alcuni studi la condotta persecutoria delle donne è protratta più a lungo rispetto a quella attuata dagli uomini.

Secondo il Rapporto EURISPES del 2021 il 20,3% degli uomini subiscono *stalking* da parte delle ex e il 13,5% da parte di colleghe. I numeri sono in crescita rispetto al 2020.

Analizzando storie di donne violente si nota come a causa della loro inferiore forza fisica rispetto agli uomini debbano talvolta escogitare modalità di azione inconsuete. Tant'è che una di queste modalità è data dall'adescamento di altri uomini, spesso loro nuovi compagni, per farsi aiutare a portare a compimento i loro progetti criminali. Donne molto seduttive che, in nome dell'amore, lasciano che i nuovi partner dimostrino la loro devozione aiutandole a commettere crimini. Il primo movente che spinge la donna ad usare violenza che può arrivare fino all'omicidio è da ritrovare senz'altro nelle grandi passioni quali l'amore, l'odio, la vendetta, la gelosia. Il *modus operandi* delle donne, come detto, è certamente meno cruento e violento, a differenza degli uomini, che utilizzano il contatto fisico, le donne uccidono generalmente utilizzando mezzi in cui non è necessario il contatto né la forza fisica (veleno, acido). L'analisi psicologica fa ritenere che la maggiore furbizia ed astuzia femminile inducano quest'ultima a premeditare l'omicidio fin nei minimi particolari. Tra i delitti femminili abbiamo anche quelli "su commissione" cioè delegati ad altri, generalmente uomini di loro fiducia, molto spesso amanti; in alcuni casi i delitti sono commessi insieme in ciò che è definita in criminologia la "follia due" [9].

---

[8] P. De Pasquali, R. Paterniti, *Stalking*, Pensa, Lecce, 2014.

[9] A.M. Casale, Uomini vittime di donne, in A.M.Casale, P. De Pasquali, M.S. Lembo, *Vittime di crimini violenti*, Maggioli, Santarcangelo di Romagna, 2014, pp. 82-83.

I primi a parlare di "*Folie à duex*" furono Lasegue e Falret nel 1873 definendola una sindrome clinica in cui c'è la presenza di deliri condivisi da due o più persone che hanno una relazione vicina e intima.

Possiamo anche ricordare dei casi di cronaca noti, tra gli altri, quella che fu definita la "coppia dell'acido". Martina Levato con la complicità del nuovo fidanzato Alexander Boettcher e di un amico, sfregiano il volto lanciando dell'acido su due ragazzi e tentano di fare lo stesso con un terzo che però riesce a proteggersi con un ombrello. Il movente dei crimini viene chiarito dagli stessi imputati, la ragazza voleva purificarsi dai precedenti rapporti con le vittime che dovevano essere cancellati "acidificati" per eliminare le tracce di relazioni passate. In questo caso tanto eclatante quanto simbolico troviamo una relazione patologica, in cui la coppia nasce e si accresce proprio per portare avanti un intento criminale. In questa tipologia crimini a due, le donne generalmente, sono le dominanti e coloro che in nome di un amore e devozione totale, spingono i compagni ad agire per loro ed a portare avanti delle personali vendette. La donna dominante si accompagna a uomini con personalità gregarie. La neo coppia si identifica nel bene e tutto ciò che è esterno a loro è percepito come il male da eliminare per poter continuare a vivere. Molti sono i casi conosciuti che si possono citare in cui la donna è prevalente e decisiva e l'uomo colui che la aiuta materialmente a commettere il crimine, ricordiamo dal delitto di Novi Ligure (Erika e Omar) fino al più attuale omicidio di Laura Ziliani commesso dalle due figlie e dal loro fidanzato/amante.

Tornando a violenze più comuni, una importante casistica è sotto gli occhi di tutti quando parliamo di separazioni. Veri e propri atteggiamenti denigratori, sono messi in atto nel tentativo di sminuire il ruolo dell'uomo, pressioni per lasciare la casa coniugale, azioni volte a sottrarre beni comuni alla coppia, coinvolgimento di terzi nelle liti, atteggiamenti di disistima e di critica aperti e teatrali, provocazioni sistematiche, imposizioni della propria volontà, così come sabotaggi nella frequentazione con i figli, emarginazione dai processi decisionali, azioni atte a sminuirne il ruolo. La donna all'interno della famiglia, in particolare quando ci sono dei figli, si sente psicologicamente forte ed inattaccabile; la consapevolezza di essere una figura importante e, quando i figli sono piccoli, indispensabile per la loro crescita le rende sicure di un ruolo che non può essere sostituito indipendentemente da ciò che farà. Questa fattispecie di violenza è ormai prassi conosciuta da tutti coloro che a vario titolo lavorano con le coppie in crisi. Il marito e padre è percepito come di secondaria se non ultima importanza nell'accudimento e crescita dei figli, pertanto viene allontanato sia psicologicamente che fisicamente a discrezionalità della donna. I genitori soprattutto durante la fase di separazioni abitualmente portano avanti una lotta del tutto personale quanto impari, gli uomini che si ritiene essere sempre i più forti economicamente, più abili nel riadattamento sociale e lavorativo sono coloro che sono costretti a rimodellare tutta la loro vita in funzione di scelte irragionevoli e colpevoli. Cosa che li porta a ridefinire una vita, che magari aveva raggiunto faticosamente un equilibrio, molto spesso con residuali capacità economiche nonché logistiche.

> "*i processi civili di separazione e divorzio disegnano talvolta l'identikit terribile di madri padrone, ciniche e manipolatrici. Una realtà quella delle donne violente, complessa e forse ancora fitta di mistero, troppe volte trattata con semplice indulgenza e con inspiegabile omertà*" [10].

Le donne in questi casi possiedono sempre delle caratteristiche comuni date da sfrontatezza ed egoismo che sono però mascherate da un falso atteggiamento di dolore e soggezione. Ciò che appare all'esterno non è quasi mai ciò che realmente si cela dietro un vero e proprio comportamento criminale attuato contro gli ex e, purtroppo sempre più spesso, verso i figli ai quali viene sottratta una fondamentale figura di riferimento affettiva. L'atteggiamento materno è sempre caratterizzato dalla convinzione di sapere più di chiunque altro quale sia il bene per i propri figli ed agire di conseguenza.

Una donna che vive un figlio come un prolungamento di sé non ne favorisce un sano sviluppo in quanto non riesce a ritrovare nel minore un soggetto diverso, differente e differenziato anche quando molto piccolo e che ha necessità di un proprio spazio emotivo e decisionale, in base all'età e alla maturità emotiva. La diade madre-figlio anche nei casi meno eclatanti mette in secondaria importanza il padre estromesso dalle decisioni, accudimenti, spesso valutato come irresponsabile, disattento, non pronto alle esigenze del figlio, senza mai riflettere sul fatto che potrebbe trattarsi di un modo alternativo e magari complementare di gestire la genitorialità.

Dall'esperienza clinica e forense nonché da prassi riconosciute e condivise tra professionisti a livello nazionale, emergono delle caratteristiche comuni che delineano le personalità ed i tratti comportamentali degli attori delle tristi vicende giudiziarie. Le caratteristiche psicologiche caratterizzanti le

---

[10] Si veda G.E. Gassani, *L'aggressività femminile nelle separazioni*, in A.M. Casale, P. De Pasquali, M.S. Lembo, A. Esposito, *Donne e reato*, Maggioli, Santarcangelo di Romagna, 2015, p. 87.

donne maltrattanti sono date da relazioni disfunzionali nella famiglia di origine; essere state spettatrici di violenza domestica o essene state vittime; abuso di alcool e/o sostanze stupefacenti.

Tra le modalità di umiliazione messe in atto dalle donne in ambiente domestico abbiamo anche atteggiamenti di disistima, trascuratezza selettiva nei confronti del partner (cibo, cure mediche), azioni deliberate quali rompere oggetti appartenenti al partner, talvolta di valore economico e/o affettivo, quale forma di sopraffazione e disprezzo. Ma le donne, come già detto abili manipolatrici, usano per minare l'autostima il sarcasmo, disprezzo, insulti, denigrazione aperte o subdole anche davanti ai figli, dispregio verso la famiglia d'origine.

Le casistiche attuali ci dicono che le maggiori forme di sopruso sono attuate durante il conflitto che nasce dalla separazione e per l'affidamento dei figli. Ormai è da anni che siamo difronte a delle vere campagne denigratorie messe in atto dalle donne contro i mariti/padri con anche, sempre più spesso, accuse di *stalking*, violenza fisica (Codice Rosso) che accompagnano i delicati momenti dell'affidamento dei figli.

Nascono così delle dinamiche relazionali che danno luogo a quelle che Bernet definisce "disordine di alienazione parentale" di tipo relazionale, all'interno delle quali possiamo sempre trovare l'influenza del genitore prescelto che agisce una serie di comportamenti atti a mantenere la posizione di privilegio relazionale con i figli [11].

All'interno di questa dinamica hanno particolare rilievo anche gli aspetti economici e patrimoniali. Nel gioco che si può definire "al massacro" che si mette in scena durante le separazioni giudiziali si innescano meccanismi patologici che si incentrano su conflitti personali dettati da rabbia, voglia di vendetta e di rivalsa. I figli spesso sono spettatori inermi di queste battaglie, in altri purtroppo sempre più spesso, entrano a pieno titolo come "armi" utilizzate da un genitore contro l'altro. Spesso strumentalizzati, manipolati, ed indotti a dichiarare ciò che il genitore prevalente, quasi sempre la madre, ritiene giusto. I padri allontanati dalla quotidianità perdono, strumentalmente, anche parti salienti della loro crescita attraverso un meccanismo di alienazione costante e continuo. In questi casi non parliamo dei normali eventi a cui un genitore fisicamente lontano potrebbe non partecipare, ma di situazioni per le quali i padri sono deliberatamente estromessi contro il loro vole-

[11] Si Veda S. Vernocchi, *La manipolazione mentale al femminile*, in A.M. Casale, P. De Pasquali, M.S. Lembo, A. Esposito, *Donne e reato*, Maggioli, Santarcangelo di Romagna, 2015, p. 291.

re con scuse accampate per i più disparati motivi. A questi padri spesso viene solo chiesto di provvedere economicamente alla vita dei loro figli, situazioni in cui gli uomini, e le testimonianze sono pressoché quotidiane, si trovano a dover lasciare la casa coniugale alla madre con i figli, a pagare un cospicuo mantenimento, le spese extra e a trovare un'altra abitazione per sé che sia sufficientemente grande anche per poter ospitare i figli nei giorni di sua spettanza. Questo significa che molto frequentemente questi genitori che prima della separazione vivevano una vita stabile non hanno più la capacità economica per poter andare avanti. Tante sono le testimonianze di padri che disperati, umiliati, allontanati dall'amore dei figli hanno pensato di togliersi la vita perché impotenti e sopraffatti dagli eventi.

Sempre più frequentemente ci si trova anche a dover fronteggiare delle false denunce che generalmente sono di violenza, maltrattamenti e *stalking*. In casi fortunatamente meno comuni le false denunce sono anche per abusi sessuali sui figli. Il fine è avere vendetta, estromettere un marito/padre dalla propria vita, e con queste denunce aspettare che i giudici allontanino cautelativamente gli ex dalla loro vita e da quella dei loro figli. Le donne che attuano queste vendette, con avvocati compiacenti, possono definirsi criminali. Un crimine che rende orfani di un genitore dei bambini incolpevoli. Difronte a tali violenze e manipolazioni l'uomo ha solo la possibilità di difendersi e farlo non è semplice, bisogna affidarsi a professionisti (avvocati, consulenti) capaci e competenti ma il tempo che passa, le umiliazioni subite ed i torti non saranno ripagati.

Ci sono donne che usano la manipolazione andando deliberatamente ai centri anti-violenza per dichiarare di essere state picchiate dai compagni. Altre che si procurano lesioni e lividi da sole da farsi refertare. La stampa ha riportato il caso di una donna inglese che ha creato una rete di inganni per accusare il suo ex compagno di *stalking* e violenza, fornendo numerose prove false. Il soggetto è stato accusato di aggressione, allontanato ed arrestato. Dopo mesi di indagini la Polizia ha scoperto che la donna aveva creato più di 30 account falsi dai quali inviava a se stessa messaggi minacciosi ed offensivi. La donna è stata giudicata dal Tribunale di Liverpool ed arrestata.

Molto meno complessi ma sempre funzionali sono, invece, i meccanismi di allontanamento paterno ormai chiari ma contro i quali è difficile intervenire, come l'invio di certificati medici dei minori nei weekend di spettanza paterna o vacanze estive in luoghi lontani e difficilmente raggiungibili per una visita infrasettimanale. Tutte strategie subdole per emarginare la figura paterna ed avere l'esclusivo controllo sulla prole.

Nel DSM-5 (*Diagnostic and Statistical Manuel of Mental Disorders*) si qualificata come Disturbo di Relazione il disfunzionamento familiare al quale contribuiscono il genitore alienante, quello alienato ed i figli, ciascuno con le proprie responsabilità. Il DSM-5 contiene delle definizioni caratterizzanti aspetti problematici delle relazioni tra vari componenti della famiglia ed in particolare il Problema di relazione genitore-bambino che si definisce così: "*in questa categoria con il termine genitore ci si riferisce ad una delle prime figure che si prende cura del bambino, sia essa di tipo biologico, adottivo o affidatario o altro parente che ricopre il ruolo genitoriale per il bambino. Questa categoria dovrebbe essere usata quando l'attenzione clinica si rivolge alla qualità della relazione genitore-bambino o quando la qualità di tale relazione sta influenzando il percorso, la prognosi o il trattamento di un qualsiasi tipo di disordine mentale o fisico. Solitamente, un problema nella relazione genitore-bambino compromette le sfere comportamentali, cognitive o affettive. Esempi di problemi comportamentali includono un controllo genitoriale inadeguato, litigi che arrivano fino alla minaccia o alla violenza fisica; o ancora aggirare i problemi senza risolverli. I problemi cognitivi possono includere il mal interpretare le intenzioni dell'altro. L'ostilità, l'usare l'altro come capro espiatorio e un immotivato sentimento di abbandono. I problemi affettivi possono includere sentimenti di tristezza, apatia, rabbia nei confronti dell'altra figura coinvolta nella relazione. I clinici dovrebbero tenere in considerazione i bisogni evolutivi dei bambini e il contesto culturale*". Volendo analizzare quanto scritto possiamo ritrovare come comportamenti prodromici per eventuali difficoltà nei figli, alcuni atteggiamenti del genitore alienante che invece di contenere ed accudire ha un controllo genitoriale inadeguato, aggira i problemi senza risolverli, usare l'altro come capro-espiatorio.

La manipolazione è dunque una delle forme di violenza più subdola e difficile da accertare. Le vittime di manipolazione restano imbrigliate in una rete da cui è quasi impossibile uscire. Inizialmente le azioni vessatorie ed i ricatti non sono percepiti come tali e se ne può ignorare la gravità. Il soggetto ricattato e manipolato entra in contatto con ciò che sta accedendo quando la dinamica patologica si è già innescata e strutturata. Tanto più il manipolato perde fiducia in sé e nelle proprie capacità tanto meno riuscirà a trovare la forza e le possibilità per affrancarsi dalla sua condizione.

2.3. L'uomo che non denuncia: un problema sociale e antropologico

L'OMS nel 2002 identifica tre aree in cui può avvenire la violenza: la violenza autoinflitta, quella collettiva e la violenza interpersonale.

La violenza interpersonale viene, poi, definita come segue: "... *qualsiasi comportamento* all'interno della relazione di coppia *che provochi danno fisico, psicologico e sessuale ai soggetti della relazione. Tali comportamenti comprendono: atti di aggressione fisica: schiaffi, pugni, calci e percosse; abuso psicologico; intimidazione; svalutazione e umiliazione costanti; rapporti sessuali forzati e altre forme di coercizione sessuale; atteggiamenti di controllo; isolare una persona dalla propria famiglia di origine e dagli amici, controllarne i movimenti e limitare le sue possibilità di accesso a informazioni o assistenza.* Quando l'abuso viene perpetrato nell'ambito della stessa relazione, si definisce maltrattamento ...".

Se leggiamo bene, possiamo intuire e dir con certezza che l'OMS parla di violenza interpersonale non specificando un genere, ma intendendo che la violenza può essere agita da entrambi i sessi nei confronti del proprio partner nel momento in cui vi è una relazione.

Perché, dunque, nell'immaginario collettivo e sociale si è sicuri e certi che le donne non possano commettere violenza in rapporto col proprio partner?

La convenzione di Istanbul del 2011 all'art. 2 ridefinisce il concetto di violenza interpersonale e specifica che la violenza domestica vede nelle donne le vittime maggiormente designate e definisce questa violenza una vera e propria forma di discriminazione contro le stesse, con atti di violenza fondati sul genere.

Questo testo diventa legge in Italia nel 2013.

Se è vero che nel testo si legge che la violenza agita nei confronti del partner è indifferente per etnia, sessualità, classe sociale ed età, è pur vero che si specifica che è nettamente connotata dal genere, definendo la donna come vittima designata e legata a stereotipi e aspettative sociali legate al suo genere (Roveda, Oddo, Franco, 2021).

Questa concezione purtroppo porta l'immaginario collettivo e sociale e ovviamente anche i media, a pensare che le uniche vittime possano essere le donne e ad escludere a priori le vittime maschili che non vengono tutelate ma nemmeno "pensate".

Inoltre, la narrazione odierna pone sempre l'accento verso quella che viene definita "mascolinità tossica" o "patriarcato" come espressione di potere e di controllo da parte dell'uomo sulla donna.

Trattare l'argomento della violenza interpersonale in modo così deterministico ha prodotto a livello nazionale un vero e proprio allarmismo tanto che a livello istituzionale e mediatico vengono presi in considerazione solo dati e episodi di violenza su donne dove l'autore del reato è l'uomo, senza considerare le varie sfaccettature della violenza e senza considerare altra categoria di persone all'infuori delle donne. In Italia, infatti le ricerche e gli studi sul fenomeno della violenza oltre il genere sono scarsissime e vengono usati solo i dati ISTAT in cui, però, vengono presi in considerazione solo ed esclusivamente le vittime femminili.

In Inghilterra, e negli Stati Uniti il fenomeno della violenza sull'uomo è studiato già dagli anni '80 del secolo scorso!

Dal 1987 in questi paesi si è cominciato a parlare del fenomeno e le ricerche sono state portate avanti fino ad oggi.

Una ricerca interessante su questo fronte è stata condotta da Michelle Corrado, M.J. George, Elizabeth Loxam, L. Jones e Dale Templar nel 1996 che riportavano i dati di un campione di 1978 soggetti tra uomini e donne eterosessuali. I risultati di questa ricerca riportano questi dati: circa il 10% dei soggetti maschili ammetteva di aver agito violenza fisica sulle donne ma l'11% delle donne ammetteva di aver agito violenza nei confronti del proprio partner.

Se si fa una ricerca a livello internazionale i dati ci sono e dimostrano che la violenza non ha un genere specifico, bensì è agita da entrambi i sessi in un rapporto relazionale, ovvero ciò che accade è ben diverso da ciò che viene sempre fatto credere.

La violenza è agita in un contesto di dinamiche relazionali che vedono entrambi gli attori coinvolti in un processo vittima-carnefice e i ruoli spesso si alternano.

Un'altra ricerca, datata 2018, anch'essa di origini anglosassoni, e pubblicata sull'Office for National Statistic, commissionata e condotta dalla Crime Survey for England and Wales, vede coinvolta la popolazione inglese e gallese nell'analizzare la presenza di abusi domestici, violenza sessuale e stalking. I dati riportano che la violenza subita dalle donne è del 7,9%, quella subita ai danni dell'uomo del 4,2%.

E in Italia?

In Italia, come già si accennava nei paragrafi precedenti le statistiche e le ricerche sono pochissime, veramente scarne perché il fenomeno è snobbato e sottostimato. Anzi, potremmo affermare con certezza che parlarne è un vero tabù e si rischia anche di essere derisi o addirittura criticati aspramente.

Ma la realtà dei fatti è che un fenomeno non esclude l'altro. Purtroppo, questa narrazione continua che vede la donna la sola vittima e l'uomo il carnefice a prescindere ha fossilizzato ancora di più gli stereotipi che comunemente vedono l'uomo come l'unico perpetratore di agiti violenti.

Ho parlato precedentemente di mascolinità tossica e di come questa idea associata al genere maschile abbia portato l'immaginario collettivo e vedere l'uomo come unico essere capace di agire del male.

L'espressione mascolinità tossica aderisce perfettamente con lo stereotipo di uomo aggressivo, violento, incapace di provare emozioni, misogino e dominante nelle relazioni con donne e bambini. Di contro, l'uomo che prova emozioni, che prova empatia e che è in grado di mostrare compassione e gentilezza viene visto come "effemminato" o peggio ancora viene tacciato di "essere un debole". Inoltre, un uomo con tali caratteristiche spesso viene deriso, preso in giro e portato addirittura a smettere perché non aderente allo stereotipo del maschile. Per tale motivo gli uomini sono molto meno propensi a denunciare le violenze subite. Per questo motivo ci troviamo in presenza di un numero non conosciuto e molto probabilmente molto più elevato di quanto si creda di uomini vittime di violenza.

Anche per questo motivo il fenomeno viene studiato molto di meno, alimentando la spirale dell'invisibilità per questi uomini che non ottengono supporti professionali, sociali e non hanno nemmeno servizi di supporto se non qualche rarissima associazione sul territorio che si occupa di loro (Roveda, Oddo, Franco, 2021).

L'uomo vittima di violenza non rientra quindi nell'immaginario collettivo e nemmeno nella nozione stessa di violenza perché troppo influenzata da stereotipi e infarcita di argomentazioni culturali e antropologiche che vedono l'uomo sempre virile e dominante rispetto alla donna debole e sottomessa. Infatti, sempre nell'immaginario collettivo si è ormai formata e definita l'idea che quando la donna aggredisce agisca sempre per legittima difesa; in letteratura il fenomeno è stato studiato e definito come resistenza violenta (Martin & Panteloudakis, 2019); la donna non agirebbe violenza per far del male ma sempre e solo come autodifesa personale.

In un clima del genere è facile capire come le vittime maschili possano sentirsi ma soprattutto intuire quanto sia difficile ammettere di essere vittime di violenza e arrivare addirittura ad una denuncia.

Nel 2017, Stiles, Ortiz e Keene hanno mostrato, attraverso la loro ricerca, cosa accade a un uomo quando riferisce di essere vittima di violenze. La maggior parte degli uomini confessa che quando hanno provato a parlarne con amici, conoscenti o familiari, sono stati presi in giro, derisi; addirittura un uomo dice: "*... è difficile, le persone non ti credono. Ho detto al mio dottore che venivo picchiato e lui ha pensato che fossi omosessuale. La società non crede che noi uomini eterosessuali possiamo essere vittime di abusi*".

La questione ancora più drammatica è che ciò che viene riportato rispetto a ciò che accade quando sono i professionisti del settore a intervenire, ovvero coloro che dovrebbero offrire supporto e sostegno alle vittime, per esempio le forze dell'ordine o professionisti del settore sociale: vieni deriso, perché non capiscono come mai un uomo grande grosso si faccia sottomettere o picchiare; oppure vieni trattato subito come un maltrattante in quanto si presuppone che la donna abbia agito violenza per difesa personale o ancora non si viene creduti perché ritenuti più forti fisicamente e psicologicamente. Tale ricerca mette in mostra un grosso problema sociale e collettivo: nemmeno i professionisti sono preparati rispetto al tema e addirittura sono loro stessi infarciti degli stereotipi più biechi.

Il problema enorme è la vera preparazione di questi professionisti: nel panorama generale dei corsi, dei Master e di tutti i prodotti immessi sul mercato per ampliare la conoscenza degli operatori non viene mai trattato il tema della violenza sull'uomo ma sono ed esclusivamente quello sulla donna.

Inoltre, gli uomini stessi fanno fatica a comprendere di essere vittime e spesso vengono etichettati dai professionisti del settore. Questo non riconoscimento della propria condizione in cui la vittima non viene creduta o addirittura colpevolizzata rispetto agli accadimenti è riconducibile alla "seconda vittimizzazione" (Ryan, 1976); concetto utilizzato da tutti i professionisti che lavorano sulla vittima al femminile e che ha portato allo slogan odierno che tutte le vittime femminili di violenza devono essere credute a prescindere. Incredibile che poi, senza rendersene conto siano gli operatori del settore stesso a vittimizzare per la seconda volta gli uomini vittime di violenza perché non gli credono o peggio partono già prevenuti.

Tutti gli stereotipi elencati e la cultura fortemente centrata sul concetto di mascolinità tossica e patriarcato portano la vittima maschile a non denunciare per paura, per vergona rispetto al giudizio che ne deriverebbe da parenti, amici, conoscenti e addirittura dalle istituzioni stesse che dovrebbero tutelarli.

Dunque, è molto importante che gli operatori sociali, le forze dell'ordine e tutte le associazioni che si occupano di violenza superino i pregiudizi, stereotipi e l'immaginario collettivo per supportare tutte le vere vittime di violenza senza distinzione di genere.

In relazione a ciò che è stato scritto finora analizziamo nel prossimo paragrafo la realtà italiana rispetto all'aiuto e sostegno che viene dato alle vittime maschili.

2.4. Quale aiuto e sostegno per le vittime maschili?

Alla luce di quanto scritto e riportato da evidenze innegabili, possiamo affermare che la violenza è un fenomeno globale che colpisce chiunque, indipendentemente dal suo genere, dalla cultura, dall'età e dalla classe sociale e diventa un fenomeno importante per la salute pubblica.

È assolutamente importante abbattere tutti gli stereotipi sociali che gravitano sulle persone e uscire dalla continua "etichetta" di vittima che viene data per creare indotti economici e mediatici.

Quando si parla di violenza, la prima risposta pronta che viene elargita è la seguente: "la percentuale delle donne coinvolte è maggiore!".

Questa frase, però, non trova corrispondenza con la realtà, perché come già spiegato nei precedenti paragrafi i dati in Italia sul fenomeno della violenza sul maschile non esistono. Ovvero, non è possibile fare un raffronto tra uomini che hanno chiesto auto a centri antiviolenza rispetto alle donne perché non ci sono nel nostro paese strutture tali da poter rispondere a queste richieste e tantomeno vengono raccolti i dati su questo fenomeno; quindi dire che si lavora solo con le donne vittime di violenza perché il fenomeno al maschile è minore è quanto di più sbagliato si possa fare in un paese civile (Roveda, Oddo, Franco, 2021).

Esiste un'approfondita letteratura scientifica prodotta in diversi Paesi del mondo dagli Stati Uniti all'India dal Canada al Regno unito, ma nulla riferibile all'Italia.

All'estero c'è stato un impegno del mondo accademico a partire dagli anni 70 per analizzare il fenomeno in modo complesso giungendo alla conclusione che il ruolo di vittima non riguarda solo ed esclusivamente le donne ma anche gli uomini. In Italia non vi sono ricerche di questo genere ma il tema della violenza e dei maltrattamenti viene preso in considerazione solo ed esclusivamente se la vittima è di genere femminile.

Solo nel 2012, infatti, il Professor Pasquale Giuseppe Macrì, docente dell'Università di Arezzo, ha realizzato il primo e unico studio sul tema della violenza verso il sesso maschile, partendo dai questionari ISTAT attualmente utilizzati per indagare il fenomeno della violenza sulle donne.

Dallo studio del prof. Macrì si evince che *sono circa 5 milioni gli uomini* in Italia che hanno subito violenza fisica per mano femminile. Essi rappresentano, *3,8 milioni circa il 63% del totale della popolazione maschile italiana tra i 18 e i 70 anni*. Di questi dichiarano di aver subito, almeno una volta nella vita, violenza sessuale: percentuali altissime (circa il 50%) sono legate a rapporti consumati senza il consenso del partner, che spesso ha dichiarato di essere stato drogato e reso incapace di reagire.

L'indagine, inoltre, ha dimostrato che la modalità di violenza fisica non trova limiti nella prestanza fisica e anche un soggetto apparentemente più fragile della vittima, ad esempio una donna, è in grado di fare del male fisico, utilizzando armi improprie, calci, pugni, graffi o percosse a mani nude secondo modalità che in genere vengono attribuite agli uomini.

Inoltre, l'indagine mette in grande evidenza la problematica legata alla separazione e fa emergere la strumentalizzazione che i figli subiscono all'interno della coppia in crisi, nella maggioranza dei casi, la manipolazione affettiva avviene da parte della donna sui figli con l'obiettivo di allontanare ed eliminare la figura paterna dalla vita dei minori.

Il dato più rilevante riguarda le violenze psicologiche testimoniate dal campione preso in considerazione in percentuale significativa (Macrì, Abo Loha, Gallino, Gascò, Manzari, Mastriani, Nestola, Pezzuolo, Rotoli, 2012).

Tenendo in considerazione questa triste realtà che riguarda in particolare il nostro paese, cosa può fare dunque una vittima maschile se si ritrova ad essere soggetto vittima di violenza?

In Italia i centri antiviolenza maschili che si occupano di questo fenomeno sono ancora pochissimi se confrontati con il numero di centri antiviolenza femminili; sono talmente pochi che possono essere addirittura contati sul palmo di una mano. Inoltre, alcuni di questi sono molto specifici, ovvero si occupano per lo più di padri separati e devastati dalla separazione, sia in ordine economico che psicologico.

Nello specifico vogliamo segnalare il centro antiviolenza maschile Perseo, con sede a Milano e operante su tutto il territorio nazionale.

Il centro è stato fondato nel 2019 da tre socie fondatrici, due psicologhe e un avvocato penalista e ad oggi, dopo solo quattro anni di attività è cresciuto a dismisura in quanto le richieste di prese in carico e di aiuto arrivano a pioggia da tutto il territorio italiano. Il direttivo si è ampliato e l'organigramma cresce giornalmente.

Quando una vittima maschile ha bisogno di aiuto può rivolgersi al numero unico dell'associazione per trovare punto di primo ascolto; analizzata la sua storia e il suo bisogno gli verrà proposto un percorso di supporto psicologico e assistenza legale in ambito civile e penale in base alle esigenze del caso. Tutti i professionisti che lavorano nel centro sono preparati rispetto al tema della violenza sul maschile e sono in costante aggiornamento. Ciò che rende il Centro innovativo e diverso da tutti gli altri è che si rivolge alle vittime maschili ma contemporaneamente anche a tutte quelle vittime che non hanno accesso nei centri antiviolenza femminili (bisogna specificare che alcuni Centri Antiviolenza femminili non prendono in carico donne vittime di altre donne in quanto manca l'assunto di base che a fare violenza sia l'uomo) ad esempio donne vittime di violenza da parte di altre donne e di conseguenza si rivolge alla fascia LGBTQ, agli anziani, ai disabili, agli adolescenti maschi e tutte quelle persone che non hanno accesso ai centri antiviolenza femminili.

Il centro Perseo, inoltre, offre recupero e riabilitazione a tutte le persone, uomini e donne maltrattanti; il lavoro viene svolto attraverso la giustizia riparativa e non opera attraverso ricondizionamenti mentali bensì utilizza percorsi di recupero e riabilitazione del soggetto maltrattante.

I percorsi di riabilitazione e recupero sono un modo diverso di trattare il fenomeno della violenza, ma soprattutto dovrebbero essere percorsi che qualsiasi centro antiviolenza dovrebbe avere al suo interno per "curare" il fenomeno della violenza. Nei centri antiviolenza femminili, invece, le donne maltrattanti non hanno percorsi specifici, quindi non hanno un luogo dove andare, mentre nascono come costole dei centri di violenza femminili i CUUM, ovvero centri per uomini maltrattanti (a cui accedono obbligatoriamente uomini senza avere ancora una sentenza definitiva), senza prendere in considerazione che vi sono anche le donne nei processi di giustizia penale; questa è un'ulteriore falla, ma anche un'ulteriore messaggio mediatico, che vede la donna sempre e solo vittima e l'uomo sempre e solo carnefice.

Il Centro antiviolenza maschile Perseo tratta quindi la violenza a 360° rivolgendo un ascolto attivo verso il maschile ma non solo; si offre aiuto a tutte le persone vittime di violenza senza distinzione alcuna e si recupera la persona maltrattante senza distinzione di genere. La violenza, quindi, viene presa in considerazione da ogni punto di vista.

Analizziamo, ora i dati che l'Associazione Perseo ha fornito rispetto a questi ultimi quattro anni di lavoro sul campo.

Secondo i dati pubblicati dall'ISTAT rispetto al Numero di Pubblica Utilità 1522 promosso dal Dipartimento delle Pari Opportunità presso la Presidenza del Consiglio (Dpo-DpCM), nel periodo 2018-2021, 1.590 uomini si sono rivolti all'1522 per denunciare di aver subito violenze ed abusi di varia natura.

In particolare, le segnalazioni ricevute nel 2020 (571 segnalazioni) sono più di quelle ricevute nell'intero biennio precedente (479 segnalazioni). Per quanto riguarda il 2021 (540 segnalazioni), vediamo un dato in linea con l'anno precedente e in netto aumento rispetto al 2018 (+ 107%) e 2019 (+ 148%).

L'incidenza del problema della violenza sugli uomini ha visto, quindi, un aumento significativo nel periodo preso in esame, malgrado campagne di sensibilizzazione esclusivamente dedicate al problema in chiave di genere (femminicidio e violenza sulla donna) e ad un retaggio culturale che rende difficile l'identificazione di vittima in chiave maschile.

Purtroppo, i dati messi a disposizione non ci consentono di evidenziare altri dati specifici per genere, come il tipo di violenza (psicologica, fisica, economica), l'autore della violenza nei confronti degli uomini (uomo o donna), il luogo in cui la violenza è avvenuta, ecc.

Può però essere utile alla riflessione evidenziare che, dai dati ISTAT, emerge un dato relativo al numero di donne maltrattanti (2.869) superiore al numero di uomini maltrattati (1.520). Sembra chiaro quindi che affrontare il tema della violenza in chiave di genere (donna sempre maltrattata, uomo sempre maltrattante), non aiuta in realtà a risolvere pienamente il problema.

Anche rispetto a questo dato, si evidenzia un notevole incremento nel periodo del Covid (2020-2021). In particolare, il numero di donne maltrattanti nel 2020 (990) e nel 2021 (918) ha visto un enorme incremento rispetto al 2018 (495) e al 2019 (466). In termini percentuali, nel 2020 si è visto un incremento del 100% rispetto al 2018 e del 112% rispetto al 2019. Analogamente nel 2021 l'incremento è stato pari all'85% rispetto al 2018 e al 97% rispetto al 2019 (https://www.istat.it/it/files//2022/08/Tavole-di-dati-1522_2018-2022.xlsx).

Nel corso della sua attività, l'Associazione Perseo ha accolto oltre 300 richieste de assistenza, in gran parte dai diretti interessati, ma in alcuni casi da un familiare preoccupato (inclusi partner).

In particolare, da maggio a ottobre 2022, l'associazione ha ricevuto 100 richieste di assistenza.

Questo notevole aumento dei contatti può in parte essere imputato agli effetti del *lock-down*, durante il quale i casi di maltrattamenti in famiglia hanno visto un significativo incremento (+ 73% – dati ISTAT), ma anche ad una maggiore conoscenza delle attività dell'Associazione Perseo e ad una maggiore sensibilizzazione al tema dei maltrattamenti al maschile.

Le segnalazioni ricevute fanno riferimento, principalmente, alle seguenti aree di intervento:

1. maltrattamenti in famiglia;
2. violenza psicologica nella coppia;
3. violenza psicologica e fisica in persone LBGTI+;
4. percorsi di recupero persone private della libertà;
5. interazione con garante persone private della libertà regione Lazio per

garantire il proseguo dell'affettività nei confronti di figli e famigliari, anche in gravi condizioni mediche;

6. percorsi di giustizia riparativa per maltrattamenti in famiglia;
7. sostegno a donne maltrattate da altre donne e che non hanno trovato accoglienza nei Centri Antiviolenza Femminili.

L'età media (indicata nel 88% dei casi) è di 47 anni, e va dai 20 ai 70 anni.

Dal report dell'Associazione Perseo si evince quanto il problema della violenza sull'uomo sia in crescendo, ma soprattutto ed è questo l'enorme problema, sia immensamente sottovalutato.

I rimedi da attuare in via d'urgenza, quando si subisce una violenza, sono i medesimi, sia per il sesso maschile che quello femminile: *in primis* denunciare l'abuso subito e, se si tratta di violenza fisica, recarsi al Pronto Soccorso tempestivamente, rilevando di essere vittima di un maltrattamento familiare.

Il preconcetto che vede essenzialmente "vittima" il sesso femminile, può e deve essere sradicato fornendo un quadro probatorio quanto più possibile fondato, ricorrendo pertanto anche alle registrazioni qualora l'abuso o la violenza si sviluppi in modo reiterato nell'ambiente domestico, nonché a fotografie delle violenze subite, referti puntuali di pronto soccorso con dichiarazione di aggressione da parte del convivente, richiesta immediata dell'intervento delle Forze dell'Ordine.

Invero, la violenza, soprattutto qualora sviluppata nell'ambiente domestico, rimane difficile da provare e, di sovente, nei processi, si basa spesso sulla credibilità della persona offesa.

Non di rado nel caso di violenza domestica pare letteralmente una corsa a "chi prima denuncia": non deve sussistere un timore di sporgere una denuncia se si è vittime di maltrattamenti, senza differenza di genere alcuno.

Ad oggi se un uomo è vittima di violenza ha ancora troppe poche risorse e pochi centri a cui rivolgersi; possiamo solo sperare che si possa finalmente parlare anche in Italia di questo fenomeno e che anche le vittime maschili possano avere le stesse tutele delle donne perché non ci debbano essere discriminazioni di nessun genere.

Capitolo Terzo

Analfabetismo affettivo: storie di quotidiana violenza

3.1. Amore violato

"Certe madri hanno bisogno di figli infelici, altrimenti la loro bontà di madri non può manifestarsi".

Tommaso è un ragazzino di soli dodici anni che, dopo la prematura separazione dei genitori, ha vissuto per anni con la madre.

La vita di Tommaso, però, non è stata la vita di un classico adolescente: le umiliazioni, le minacce e le vessazioni per Tommaso erano quotidiane.

I maltrattamenti erano sempre alternati a momenti di affetto, che lo confondevano al punto da generare una vera e propria "dipendenza dal dolore".

La madre lo chiamava in continuazione "stupido" e "inutile", gli faceva sentire che non valeva nulla, lo picchiava, lo aggrediva e lo abbandonava continuamente a sé stesso.

Tommaso ha sofferto in silenzio per anni, sviluppando un vero e proprio stato di depressione e una bassa autostima, ma solo quando ha iniziato a parlare con amici e familiari, ha capito che la situazione in cui si trovava non era normale e decideva di allontanarsi dalla madre.

Fortunatamente Tommaso aveva sempre avuto un ottimo rapporto con il padre, al quale però, per anni, ha nascosto le gravissime condotte materne.

Solo grazie al padre Tommaso trovò la forza di denunciare la madre e di scoprire che quelle vessazioni subìte per anni costituivano un vero e proprio reato: il reato di maltrattamenti in famiglia aggravati.

Dal deposito della denuncia, però, si apriva un vortice giudiziario che né Tommaso, né il padre, si sarebbero mai aspettati.

Alla denuncia sporta da Tommaso, infatti, seguiva l'apertura di un procedimento d'ufficio presso il Tribunale per i Minorenni, per verificare la situazione familiare e decidere il miglior regime di affidamento e di collocamento del minore.

Con decreto provvisorio, il Tribunale per i Minorenni limitava immediatamente la responsabilità genitoriale materna ma venivano incaricati i Servizi Sociali di regolamentare i rapporti madre-figlio, nonostante i gravissimi soprusi subìti negli anni dal figlio, che rifiutava nettamente ogni contatto con la madre.

Inspiegabilmente, inoltre, il Tribunale disponeva l'affidamento di Tommaso ai Servizi Sociali, nonostante il padre fosse da sempre un ottimo genitore ed avesse finanche salvato il figlio dai gravissimi maltrattamenti materni.

Nell'ambito del procedimento penale, poi, il Giudice per le indagini preliminari disponeva l'incidente probatorio con la relativa perizia atta ad accertare la capacità a testimoniare del minore.

Gli elementi emersi in ambito penale nel corso delle indagini preliminari ed in sede di incidente probatorio, confermavano non solo la fondatezza dei maltrattamenti commessi a danno del piccolo Tommaso, ma anche la gravità delle condotte materne, esercitate in modo reiterato in pregiudizio del figlio minore, tali da creare concreto e reale stato di pericolo per il figlio.

Dall'incidente probatorio emergevano infatti le gravissime condotte della madre: in particolare i reiterati maltrattamenti materni a danno del figlio, trattandosi di violenza fisica e psicologica.

Emergeva poi come tali condotte avessero portato Tommaso ad una sistematica e continua mortificazione di sé, sfociata persino in atti di autolesionismo.

Le condotte materne rendevano impossibile per Tommaso condurre un'esistenza serena.

Il minore, infatti, dichiarava in aula di aver tentato il suicidio in ben tre occasioni.

Ancora, dalle parole di Tommaso emergeva la totale inadeguatezza genitoriale della donna.

La madre, infatti, era solita assumere sostanze alcoliche e stupefacenti anche alla presenza del figlio e risultava completamente dipendente dall'uso di psicofarmaci.

Ogni volta che la madre beveva, seguivano moti di violenza ed aggressività verso il minore.

Tommaso dichiarava in Tribunale come gli atti di violenza materni verso lo stesso fossero reiterati e frequenti, arrivando la madre finanche a minacciarlo di morte.

Tommaso esponeva come le condotte materne avessero spinto lui stesso ad assumere sostanze alcoliche, fumare sigarette e canne e, non da ultimo, a tentare il suicidio.

Il padre, dunque, all'esito dell'incidente probatorio effettuato in sede penale, depositava ricorso al Tribunale per i Minori, chiedendo l'affidamento esclusivo del figlio a sé e la pronuncia di decadenza della responsabilità genitoriale materna.

Alla luce della richiesta paterna, anche il Tribunale minorile procedeva all'audizione di Tommaso.

Durante l'interrogatorio il minore confessava al Giudice tutti i maltrattamenti subìti a più riprese dalla madre, mentre la stessa era quasi sempre in stato di alterazione, dovuto da una situazione di abuso di sostanze alcoliche, stupefacenti e di psicofarmaci.

Raccontava che la madre lo aveva minacciato di morte con cocci di vetro in mano.

Raccontava delle sue fughe da casa per salvarsi dalle aggressioni materne.

Raccontava come, in alcune occasioni, le crisi d'ira della madre avevano condotto all'intervento dei soccorsi sanitari.

Raccontava episodi di inaudita gravità, ove le minacce della madre erano accompagnate da vessazioni fisiche, calci e pugni.

Raccontava come la madre gli avesse in più occasioni puntato un coltello alla gola.

Tommaso confermava di avere, viceversa, un ottimo rapporto con il padre e che proprio il padre lo aveva salvato da quella terribile situazione.

Confermava di voler vivere da lui, in quanto unico genitore che si occupava sia economicamente che moralmente del figlio.

Confermava, inoltre, di non voler avere più contatti con la madre.

Il padre di Tommaso, a fronte di elementi di tale gravità, era certo di ottenere giustizia e di poter iniziare con una nuova serenità la vita con il figlio.

Nonostante tutte le gravi condotte subìte dal minore il Tribunale dei Minorenni, però, si pronunciava confermando l'affidamento del minore ai Servizi Sociali territorialmente competenti, delegando loro il compito di regolamentare i rapporti madre-figlio e nulla pronunciava in merito alla richiesta di decadenza della responsabilità genitoriale materna avanzata dal padre.

TRIBUNALE PER I MINORI

– Considerata la gravissima situazione emersa dalle dichiarazioni del minore, sentito anche in sede penale e considerata inoltre la situazione di fatto ed il netto rifiuto del figlio ad incontrare la madre, appare opportuno sospendere gli incontri e riattivarli solo ove richiesti dal figlio;

– Si conferma l'affidamento ai Servizi Sociali, osservando che le modalità e i tempi degli eventuali incontri madre-figlio dovranno essere decretati dai Servizi Sociali;

– Si conferma il collocamento presso il padre, attuale e unica figura di riferimento del minore;

– Si suggeriscono percorsi psicologici per i genitori e un percorso al Ser-d per la madre;

– In ragione delle condotte subìte dal minore si suggerisce l'avvio di un percorso psicoterapeutico, per la rielaborazione dei vissuti traumatici;

P.Q.M.

Il Tribunale provvedendo in via definitiva

CONFERMA

L'affidamento del minore Tommaso ai Servizi Sociali

CONFERMA

Il collocamento del minore presso il padre

LIMITA

La responsabilità genitoriale materna e quella del padre solo relativamente agli incarichi dell'ente affidatario

INCARICA

Il Servizio Sociale:

– di mantenere il minore collocato presso il padre;

– di regolamentare gli eventuali rapporti madre-figlio e favorirne l'attivazione solo se rispondenti all'interesse del minore;

– suggerisce la presa in carico psicoterapeutica del figlio;

– suggerisce un percorso di supporto alla genitorialità per il padre;

– suggerisce un percorso al SERD e un percorso psicologico per la madre.

Il Tribunale per i Minori, dunque, non solo non sanciva la decadenza della responsabilità genitoriale materna (nonostante le gravissime condotte che hanno irrimediabilmente pregiudicato il figlio), ma neppure considerava la possibilità di affidare il figlio in via esclusiva al padre, anziché al Servizio Sociale, nonostante il padre si fosse dimostrato un genitore idoneo ed accudente e non risultasse alcun elemento per escluderne l'esercizio dell'affidamento sul minore. Ciò in totale violazione rispetto al disposto normativo ed alla giurisprudenza prevalente, che prevede l'affidamento al Servizio Sociale come ultima *ratio* a fronte dell'inidoneità di entrambi i genitori.

3.2. Salvare l'impossibile

"*Non si può salvare chi non vuol essere salvato*".

Questa è una lezione che Luca ha imparato, forse troppo tardi.

Luca e Katia erano giovani e innamorati quando si conoscevano durante un viaggio di Luca nei Paesi dell'est Europa.

Nel giro di soli pochi mesi Katia si trasferiva in Italia con la figlia Irina, concepita in giovane età da una precedente relazione di brevissima durata.

Luca era stato completamente ammaliato da Katia.

Lei era dolce, presente e bellissima.

Katia e la figlia Irina, grazie a Luca, erano fuggite dalla miseria della famiglia d'origine di Katia e da un Paese che non garantiva prospettive o futuro.

Per Luca non fu affatto semplice introdurre Katia e la figlia alla sua famiglia, decisamente elitaria e un po' snob.

Eppure Luca era deciso a sposare Katia e per lei era iniziata una vita fiabesca.

Nel giro di pochi anni dal matrimonio nasceva Nicholas e, mentre Luca portava avanti con impegno la sua attività imprenditoriale, Katia si dedicava anima e corpo alla famiglia, quasi in modo ossessivo, rifiutando sempre di più i contesti sociali estranei alla vita del marito e del figlio.

I primi anni trascorrevano in modo quasi idilliaco, anche se l'isolamento di Katia ed il suo estraniarsi dal mondo iniziavano a preoccupare sempre maggiormente Luca.

Ciò in particolare dopo il trasferimento di Irina in un'altra città per motivi di studio.

La moglie, infatti, trascorreva intere giornate da sola in casa, aspettando la fine degli impegni scolastici del figlio e della giornata lavorativa del marito.

Al contempo Katia desiderava tutte le attenzioni di Luca e, se non le otteneva, cambiava.

Silenzi prolungati, colpevolizzazione del *partner*, accuse, denigrazioni e moti rabbiosi erano le conseguenze (quasi quotidiane) se non venivano rispettati i suoi *dictat*.

Luca iniziava così ad annullarsi totalmente per la moglie: dal calcetto del giovedì, alla negazione dei rapporti anche alla sua famiglia d'origine.

Luca era arrivato a mettere in secondo piano tutte le sue esigenze ed i suoi affetti pur di ritrovare la donna che aveva conosciuto otto anni prima.

Al contempo l'uomo iniziava a sentirsi sbagliato, confuso e a giustificare ogni condotta di Katia.

Nel frattempo Nicholas cresceva ed anch'egli sopportava tutti i desiderata della mamma.

Se il piccolo Nicholas non metteva a posto la scrivania come la madre imponeva, lei scaraventava i suoi libri per terra e lo costringeva a riordinarla di nuovo.

E così fino a quando non era tutto come doveva essere nella mente di Katia.

Nicholas non comprendeva le reali motivazioni di questi comportamenti della madre, ma obbediva silente ritenendosi anch'egli sbagliato e difettoso quanto il padre.

La nota pandemia mondiale, poi, costringeva la famiglia nelle mura domestiche ed è proprio in quel momento che la fiaba si trasformava definitivamente in un incubo.

Alla fine del 2019 Katia aveva iniziato a manifestare problemi di etilismo, problemi che Luca da un lato sottovalutava e dall'altro giustificava per evitare l'ira della moglie, che puntualmente si scatenava ad ogni sua minima osservazione.

Fino al confinamento imposto per l'epidemia mondiale, non era stato possibile per Luca avere reale contezza del problema legato all'abuso di alcool da parte della moglie, anche in quanto era estremamente impegnato nel lavoro e trascorreva moltissimo tempo fuori casa.

Nel periodo del confinamento la costante presenza del marito e del figlio in casa infastidiva Katia al punto da chiudersi nella propria stanza o nel bagno per ore e ore, rifiutando ogni contatto con la famiglia.

Katia aveva adibito la sua camera da letto ad una sorta di "bar personale" ove si chiudeva a chiave accompagnata da qualche bottiglia di vino o di superalcolici, puntualmente nascosta al marito.

La preoccupazione di Luca era costante, ma il marito era completamente succube della moglie che, alla prima critica, lo aggrediva e lo sviliva negando completamente il problema ed anzi additandolo come pazzo o visionario.

Cessato lo stato di emergenza mondiale e riprese le attività regolari un pomeriggio Nicholas, ormai di dieci anni, chiamava più volte il padre sul lavoro in quanto la madre si era chiusa per l'ennesima volta in camera e si rifiutava di uscire.

Luca, preoccupato, rientrava tempestivamente a casa e trovava la moglie in stato di sopore alcolico, sdraiata sul divano alle ore 18.30, i fornelli accesi per la preparazione della cena, la casa sottosopra ed il piccolo Nicholas al piano di sopra nella sua cameretta, in lacrime, spaventato e confuso.

Luca, rendendosi conto del grave pericolo occorso, decideva di allertare i Carabinieri di zona.

Comunicava la situazione e la sua preoccupazione.

Il giorno successivo Luca veniva contattato dagli assistenti sociali della zona, ai quali raccontava allarmato quanto accadeva ormai quotidianamente presso la propria abitazione.

I servizi sociali provvedevano a convocare Katia e le proponevano un percorso tramite il Ser-D della città, al fine di monitorare l'uso o l'abuso di sostanze alcoliche e di offrire un sostegno alla donna.

Apparentemente Katia accettava il percorso, ma proseguivano gli episodi di abuso di alcool.

Al contempo aumentavano i comportamenti aggressivi nei confronti del marito, spesso anche alla presenza di Nicholas.

Luca veniva quotidianamente insultato e svilito dalla moglie.

Ma non solo.

Katia arrivava finanche a simulare di aver subito un'aggressione da parte del marito e coinvolgeva i Carabinieri che, prontamente intervenuti, accertavano come non sussistesse nessuna aggressione.

Katia, che anche in quell'occasione era alterata dall'abuso di alcool, una volta intervenuti i Carabinieri, scappava dall'abitazione familiare, assentandosi per ore e rendendosi completamente irreperibile.

La cronaca delle giornate successive si ripeteva sempre con le stesse modalità.

Katia passava la maggior parte del tempo in casa, chiusa nella sua stanza, contornata da bottiglie di vino o super alcolici e durante la notte usciva senza informare il marito.

Nei pochi attimi in cui interagiva con la famiglia prevaleva il delirio di persecuzione ed un completo scollamento dalla realtà: tutte le colpe erano di Luca o del figlio Nicholas.

I cambi di umore della donna erano costanti e con il passare dei giorni iniziava completamente ad ignorare anche il piccolo Nicholas.

Luca, incredulo e turbato, una sera trovava delle scatole di psicofarmaci che Katia assumeva all'insaputa del marito.

Il giorno seguente Luca si recava a lavoro estremamente preoccupato.

Come ogni sera Luca rientrava a casa verso le ore 19.00, ma quella sera trovava la porta chiusa e del fumo che usciva dalla finestra.

Intervenivano d'urgenza i Carabinieri ed i Vigili del fuoco, che trovavano Katia a terra svenuta, i fornelli della cucina in fiamme e il piccolo Nicholas nascosto nella sua stanza, impaurito e solo.

Katia veniva portata d'urgenza in ospedale ma rifiutava il ricovero e tornava a casa.

Luca, rendendosi conto che la situazione era ormai irrecuperabile, decideva di rivolgersi al Tribunale per ottenere la separazione dalla moglie, rappresentando le gravi problematiche comportamentali e di dipendenza alcolica di Katia, chiedendo l'affidamento ed il collocamento del figlio Nicholas presso il padre e l'addebito della separazione alla moglie per le gravissime condotte poste in essere.

Nei mesi successivi al deposito del proprio ricorso, Luca non lasciava mai Nicholas da solo con la madre, che peraltro neppure cercava un contatto con il figlio, continuando viceversa ad isolarsi nella casa e trascorrendo le giornate secondo un copione ormai ripetuto.

Giungeva il giorno della prima udienza e Luca, certo di ottenere giustizia per sé ma soprattutto per il piccolo Nicholas, si recava in Tribunale stremato, ma al contempo speranzoso di porre fine ad un incubo che durava ormai da troppo tempo.

Luca si trovava di fronte al Presidente ad esporre l'incresciosa situazione di anni in soli pochi minuti ed altrettanti pochi minuti venivano dedicati all'audizione della moglie.

Katia si descriveva come una donna straniera e sola in questo Paese, relegata dal marito nelle mura domestiche, negando al contempo ogni problema di abuso alcolico.

Dall'altro lato Luca aveva presentato certificati medici, documentazione relativa all'intervento dei Carabinieri e degli assistenti sociali, testimonianze delle persone a lui vicine che conoscevano i fatti.

Senza alcun ulteriore approfondimento, sentite le Parti, il Presidente dichiarava che avrebbe riservato ogni decisione.

Il tempo passava lento ed i coniugi continuavano a convivere sotto lo stesso tetto, stante il rifiuto completo di Katia di affrontare la situazione.

Katia sbeffeggiava il marito, affermando che nessuno avrebbe creduto alla sua versione dei fatti.

Nonostante la palese urgenza della situazione, passavano circa tre settimane prima dell'emissione di qualsivoglia provvedimento da parte del Tribunale.

All'emanazione del provvedimento, però, le cose non andavano come Luca sperava.

TRIBUNALE ORDINARIO

Ordinanza Presidenziale

Il Presidente, a scioglimento della riserva assunta, preso atto delle dichiarazioni delle Parti, letti gli atti e i documenti, così decide in via provvisoria

ritenuto

– che si osserva che la moglie ha evidenziato un significativo scompenso psichico e una evidente condizione di abuso di alcolici;

– che le circostanze suddette sono state ampiamente documentato dal marito nel proprio ricorso per separazione;

– che invero il marito allegava in atti relazioni dei Servizi sociali e del Serd, oltre alla documentazione relativa all'intervento dei Carabinieri;

– che la preoccupazione maggiore deriva dal fatto che la moglie, di fatto, oltre ad avere una dipendenza da alcool, ha sempre rifiutato un aiuto e/o un ricovero ospedaliero;

– che la moglie, dunque, non dimostrava la "consapevolezza di malattia", omettendo di intraprendere un percorso di recupero, nonostante consigliato dal marito e dai servizi sociali;

– che tale condizione di forte fragilità personale e di abuso di alcolici, potrebbe suggerire una sistemazione prevalente del bambino presso il padre;

– che, però, vi sono altre circostanze di fatto che depongono in senso contrario al collocamento del minore dal padre;

– che, in particolare, la moglie pur non avendo collaborato in modo stabile con gli operatori del Ser-D e rifiutando i ricoveri ospedalieri, riusciva ad astenersi in parte dal bere alcolici;

– che dalle relazioni dei Servizi Sociali non emerge un pregiudizio per il figlio a fronte delle problematiche di abuso alcolico e di fragilità personali della madre;

– che solo la soluzione di collocamento del figlio dalla madre può garantire una stabile frequentazione del figlio da parte di entrambi i genitori;

– che pertanto la moglie, che neppure lavora, dovrà rimanere nell'abitazione familiare con il figlio, posto che, di fatto, sarebbe praticamente impossibile per la

moglie affittare un altro alloggio, essendo straniera, disoccupata, priva di reddito e dei mezzi per procurarselo, nonché priva di un nucleo parentale in Italia;

– che le preoccupazioni circa la tenuta del comportamento di astensione alcolica da parte della moglie, possono essere agevolate e contenute da una stabilità abitativa e dalla vicinanza al bambino;

– che, inoltre, si può far fronte alla situazione materna con incisive prescrizioni di un percorso riabilitativo presso il Ser.D. e con un incarico di vigilanza e sostegno con l'intervento del Servizio Sociale;

– che, contrariamente, l'eventuale rilascio della casa familiare da parte della moglie e l'allontanamento del figlio dalla madre, esporrebbero la stessa al rischio di un nuovo scompenso personale, stante la mancanza di risorse per reperire una diversa abitazione, nonché la mancanza di risorse parentali ed affettive nel territorio nazionale.

P.Q.M.

Il Presidente del Tribunale così pronunciando:

– Affida il figlio Nicholas congiuntamente a entrambi i genitori, disponendo che il minore mantenga la residenza anagrafica e la dimora presso la madre. Dispone che il padre possa incontrarlo e tenerlo con sé secondo accordi tra i coniugi;

– Assegna la casa coniugale, con gli arredi che la compongono, alla moglie, disponendo che il marito se ne allontani entro il termine di 40 giorni dalla pubblicazione dell'ordinanza presidenziale;

– Dispone che ciascun coniuge provveda al mantenimento, alla cura e all'educazione del figlio quando lo ha con sé. Inoltre, il marito corrisponderà all'altro coniuge, per il mantenimento del figlio, l'assegno periodico di € 350,00, da versare entro il 5 di ogni mese e da rivalutare annualmente secondo gli indici ISTAT, oltre al 50% delle spese straordinarie, come stabilite dal Protocollo del Tribunale;

– Dispone che il marito contribuisca al mantenimento della moglie versandole, entro il giorno 5 di ogni mese, la somma, annualmente rivalutabile in base agli indici ISTAT, di € 300,00;

– Richiede ai Servizi Sociali e di Psicologia dell'Età evolutiva di proseguire nella presa in carico della situazione del minore e dei suoi genitori;

– Dispone, inoltre, che la moglie si faccia seguire presso il Ser. D. (Centro Alcologia) di zona per una riabilitazione in ordine all'abuso di alcolici, sottoponendosi ai controlli e seguendo i trattamenti terapeutici che gli saranno indicati.

L'ordinanza emessa dal Presidente del Tribunale, dunque, ha offerto una totale tutela alla moglie, il cui interesse, con tutta evidenza, è stato considerato finanche preminente rispetto a quello del minore.

Ed invero il Presidente del Tribunale, lungi dal considerare la situazione di pericolo a cui costantemente sarebbe stato sottoposto il figlio (a fronte di un evidente stato di disagio materno, documentato e certificato anche da relazioni mediche) con il provvedimento presidenziale ha tutelato la madre che – secondo l'assetto motivazionale del Tribunale – sarebbe "finanche peggiorata" qualora fosse stata allontanata dalla casa familiare e dal figlio minore.

Il Tribunale, viceversa, non solo ha allontanato il padre dal figlio, ma ha anche condannato l'uomo a pagare un assegno di mantenimento per la moglie che, per sua stessa volontà, da sempre rifiutava di lavorare senza alcuna valida motivazione.

Ma non solo.

Nonostante il Tribunale abbia rilevato una situazione di pericolo per il minore, affermando la sussistenza di uno scompenso psichico della madre e di un problema di abuso alcolico, ha inteso tutelare il minore unicamente con l'ausilio del Servizio Sociale, senza neppure disporre gli opportuni accertamenti tecnici mediante una perizia psicologica (CTU).

Luca, allarmato per la situazione, ricorreva presso la Corte d'Appello, al fine di ottenere un'immediata modifica dell'ordinanza presidenziale.

Il Giudice di secondo grado, però, inaspettatamente confermava i provvedimenti provvisori ed urgenti emessi dal Presidente a seguito della prima udienza.

CORTE D'APPELLO

MOTIVAZIONI

Nel quadro emerso ed in attesa degli ulteriori aggiornamenti già disposti dal Presidente con l'ordinanza presidenziale impugnata, alla luce dei quali potrà valutarsi un'eventuale modifica della collocazione del minore, il provvedimento presidenziale deve avere piena conferma, posto che è verosimile che sia stata la madre, negli ultimi anni, ad occuparsi prevalentemente del figlio; l'assegnazione della casa coniugale alla madre è diretta conseguenza di tale collocazione, avendo il minore interesse a mantenere l'habitat domestico abituale.

Dunque, nonostante plurime prove di abuso alcolico e conseguente evidente inadeguatezza genitoriale materna, entrambi i gradi di giudizio ritenevano non esservi "segni" di incapacità genitoriale ascrivibili alla madre.

Luca cadeva in un forte sconforto, ma continuava a mantenersi attivo per proteggere Nicholas, seppur a distanza "forzata".

Passavano i giorni, i mesi e finanche gli anni ed il minore Nicholas continuava a vivere in uno stato di completa instabilità, subendo incomprensibili abusi emotivi da parte della madre.

Luca non si arrendeva e continuava a combattere per il collocamento del figlio presso di sé, presentando ben dieci istanze al Tribunale, tutte con richiesta urgente di disposizione di perizia psicologica, al fine di verificare l'effettiva capacità genitoriale materna, nonché le condizioni psicofisiche di Katia e del figlio Nicholas.

Il Tribunale, delegando tale compito al Servizio Sociale, continuava a rigettare le domande del padre, fino a quando si verificava un gravissimo episodio.

Irina, la figlia maggiorenne di Katia, tornava momentaneamente a casa per incontrare il fratello Nicholas.

Durante un litigio con la madre, come sempre avvenuto per futili motivi, la figlia veniva strattonata e picchiata violentemente dalla madre che, come abitualmente, si trovava in condizioni di alterazione alcolica.

Solo in quel momento il Tribunale si rendeva conto della pericolosità della donna, ma decideva comunque di mantenere il figlio collocato dalla madre, limitandosi a disporre una consulenza psicologica sul nucleo familiare al fine di verificare le condizioni psico-fisiche della madre ed il miglior regime di collocamento del figlio.

Passavano dunque altri otto mesi di indagini, in cui il figlio continuava a permanere e risiedere dalla madre, nonostante l'evidente pericolosità della stessa.

Solo all'esito della perizia, che accertava una patologia psichiatrica materna nonché la completa dipendenza da alcool, dopo ben quattro anni di causa, il Tribunale decideva di collocare il minore presso il padre.

Le conseguenze devastanti del sopruso subìto dal bambino in questi anni, però, sono rimaste indelebili.

3.3. Ingiustizia manifesta

> "*Esistono due modi per farsi trarre in inganno: credere a ciò che è falso o non credere a ciò che vero*".

Massimo conosceva Lucrezia al bar dove da sempre lavorava.

Lucrezia era decisamente piacente e si era presentata a Massimo come una donna ambiziosa, che aveva conseguito ben due lauree in breve tempo e che si era costruita da sola.

Lucrezia si descriveva come una giovane imprenditrice nel settore immobiliare che, grazie alla sua eccellenza lavorativa, in poco tempo da sola era riuscita ad acquistare una casa di proprietà ed un'autovettura di lusso.

La donna raccontava di avere pessimi rapporti con la sua famiglia d'origine, motivo per il quale ne aveva preso le distanze sin dall'età di diciotto anni.

Massimo rimase affascinato dall'intraprendenza di Lucrezia e tra i due iniziava una frequentazione molto intensa.

Lucrezia, infatti, era molto presente, forse troppo, pretendendo al contempo continue attenzioni da Massimo, con reazioni decisamente spropositate qualora non le ottenesse.

Proprio per tale motivo, dopo pochi mesi, Massimo decideva di porre fine alla relazione.

Lucrezia, nonostante il rifiuto di Massimo, non si piegava alla volontà dell'ex compagno ed insisteva in un corteggiamento senza freni, fatto di numerosissime telefonate, messaggi d'amore, appostamenti al locale o sotto la sua abitazione.

Lucrezia, grazie alla sua insistenza, lentamente riprendeva la frequentazione con Massimo, convincendolo a trascorrere sempre più tempo a casa sua, fino a trasformare la relazione sporadica in una convivenza.

La donna comunicava al compagno che, non avendo particolari necessità economiche, in quel periodo si sarebbe presa una pausa lavorativa per dedicarsi completamente a lui ed alla loro nuova vita insieme.

Ben presto Lucrezia rimase incinta.

Dal momento in cui iniziava la gravidanza Lucrezia modificava il suo atteggiamento rispetto al periodo antecedente: ignorava completamente il compagno e la sua famiglia, con la quale, in precedenza, si relazionava con una certa frequenza.

Dopo il parto la situazione peggiorava vertiginosamente: Lucrezia assumeva un atteggiamento dispotico, imponeva al compagno di vedere il figlio solo in sua presenza, rifiutandosi di farlo frequentare ai suoi familiari, sfruttava ogni occasione per litigare e, durante le loro discussioni, rendeva partecipi i suoi genitori oltre che il vicinato.

Il compagno inoltre iniziava a scoprire dei dettagli della vita di Lucrezia, rispetto ai quali la donna aveva mentito in modo spudorato.

In particolare, scoprì che Lucrezia non aveva mai lavorato e, al contrario di quanto gli aveva riferito, era mantenuta dai suoi genitori, i quali le avevano acquistato ogni bene di sua proprietà.

Lucrezia creava continuamente litigi nella coppia, per i motivi più futili lamentandosi di ogni atteggiamento del compagno e provocandolo ripetutamente, avvicinandosi anche fisicamente.

Massimo non comprendeva questi atteggiamenti ma ne era molto spaventato ed era arrivato al punto di dormire sul divano per evitare gli attacchi della compagna e l'instaurarsi di tensioni e litigi nell'ambiente domestico.

La relazione, a causa del protrarsi e dell'aggravarsi del comportamento di Lucrezia, terminava quando Massimo, per evitare che il piccolo Matteo subisse le conseguenze del contesto conflittuale venutosi a creare, decideva di lasciare l'abitazione familiare.

Da quel momento Lucrezia assumeva nei confronti dell'ex compagno un comportamento crudele, ostacolando completamente il rapporto tra il padre e il piccolo Matteo.

Massimo, senza alcun motivo, non poteva mai vedere il bambino, perché ciò veniva impedito dalla madre.

Nelle rare occasioni in cui il padre riusciva a parlare al figlio al telefono, Matteo – inspiegabilmente – scoppiava a piangere affermando di non voler parlare con lui.

Massimo aveva il legittimo sospetto che l'ex compagna stesse plagiando il figlio.

Il senso di odio del bambino verso il padre era evidente.

Lo scopo della donna era – con tutta evidenza – quello di eliminare il padre dalla vita di Matteo.

Infatti Lucrezia rifiutava anche gli aiuti economici proposti dall'ex compagno, in qualità di padre.

Massimo, pertanto, non avendo più contatti con il figlio da un mese, un pomeriggio di primavera decideva di vedere Matteo recandosi all'uscita della piscina, dove Matteo andava ogni mercoledì per il corso di nuoto.

Lucrezia in quell'occasione, appena incrociava Massimo, iniziava ad urlare, allertando le persone presenti.

Massimo, sconvolto dalla reazione di Lucrezia, si ritirava ed anche in quell'occasione non vedeva il figlio.

Dopo l'accaduto Massimo contattava la piscina e veniva a conoscenza dalla responsabile che Lucrezia si era presentata come una "ragazza madre", affermando di poter iscrivere da sola il figlio che – a suo dire – non aveva un papà.

Il tutto, si precisa, avveniva per mera imposizione della madre.

Massimo, preoccupato per la situazione, decideva di rivolgersi al Tribunale, al fine di chiedere ed ottenere una regolamentazione del diritto di frequentazione tra padre e figlio.

Si costituiva in giudizio Lucrezia, rappresentando una realtà del tutto fantasiosa, esponendo una situazione di violenza domestica, di disinteresse paterno e finanche di uso di droghe da parte di Massimo e di abuso di alcool.

A fronte delle gravi rappresentazioni della madre, il Tribunale, dopo la prima udienza, in attesa di accertamenti sulle condizioni di Massimo, disponeva l'affidamento esclusivo del minore alla madre, incaricando i Servizi Sociali di regolamentare gli incontri con Massimo in Spazio Neutro e protetto.

Massimo si sottoponeva ad ogni test e ad ogni percorso presso i Servizi Sociali, risultando pienamente idoneo e sempre negativo rispetto all'uso di qualsivoglia sostanza alcolica o stupefacente.

Pertanto, il Tribunale ristabiliva successivamente l'affidamento condiviso, disponendo una perizia psicodiagnostica sul nucleo familiare.

Nel frattempo, però, il figlio continuava a non vedere il padre, imponendo un netto e ormai radicato rifiuto, anche di fronte agli educatori del Servizio Sociale.

L'esito della perizia tecnica d'ufficio, durata oltre un anno, rivelava inesorabilmente ciò che Massimo denunciava ormai da anni.

Il perito incaricato dal Tribunale, infatti, rilevava nel proprio scritto la sussistenza di una assoluta e reiterata manipolazione materna, di condotte alienanti della madre sul minore, il rapporto definito "tossico" e "simbiotico" tra madre e figlio e la necessità, per salvare il minore e ristabilire un rapporto con il padre, di un collocamento del bambino in una casa famiglia, con previsione di un lungo percorso psicologico.

Conclusioni della Consulenza Tecnica d'Ufficio

Per quanto concerne la capacità genitoriale materna, si è osservato come sia gravemente compromessa.

In particolare si rileva essere presente una relazione strettamente simbiotica, fra la madre ed il bambino, che rischia di minare e condizionare, in modo grave, il processo evolutivo e di sviluppo di Matteo, ma soprattutto il rapporto con il padre.

Si ritiene che il netto rifiuto del bambino nei confronti del padre, in forza della tenerissima età, ben difficilmente possa essere frutto di ricordi particolareggiati e spontanei del bambino, apparendo più probabile che gli stessi siano conseguenza dei racconti e dei rinforzi posti in essere dalla madre.

Per tale motivazione il CTU, ritiene che la capacità genitoriale della madre sia da considerare fortemente ridotta e compromessa.

Inoltre la relazione madre-figlio si rileva come potenzialmente dannosa e pregiudizievole per il minore.

Non si può ipotizzare una inversione di domiciliazione ed affido al padre, stante l'assenza di rapporti ormai da anni.

Il CTU suggerisce un affido ai servizi sociali.

Inoltre il CTU suggerisce che il bambino venga collocato presso una casa famiglia, per la effettuazione di una psicoterapia della durata di almeno un anno e sospensione degli incontri tra madre e figlio.

Massimo era sollevato poiché, dopo anni di gravissime accuse, dall'esito della perizia vedeva finalmente una speranza di recuperare il suo legittimo rapporto con il figlio.

Fiducioso attendeva l'ultima udienza, in cui i Giudici avrebbero decretato per lui la fine di un incubo.

Ma così non è stato.

Nonostante la prova ormai tangibile delle condotte materne, da sempre denunciate da Massimo, i Giudici non accoglievano le conclusioni della CTU e decretavano ancora una volta il collocamento del bambino dalla madre, pur riconoscendo le criticità materne e condannando la stessa finanche ad un risarcimento economico anche per il figlio.

TRIBUNALE ORDINARIO

Decreto definitivo

Il Tribunale preso atto che:

– con relazione depositata dal CTU nominato, all'esito di un'approfondita indagine sul nucleo familiare, ha concluso rilevando quanto al padre, l'impossibilità di esprimere un giudizio sulle sue competenze genitoriali, dato il prolungato periodo di distacco dal figlio,

– il CTU ha rilevato che il padre è apparso credibile nel rivendicare, nella presente sede giudiziale, il proprio ruolo genitoriale;

– quanto alla madre, il CTU ha constatato una grave limitazione delle capacità genitoriali materne, evidenziando l'esistenza di una insana e fortemente preoccupante relazione simbiotica con il figlio;

– il CTU ha rilevato come la relazione madre-figlio, instaurata fin dalla nascita del minore, si è radicalizzata in maniera simbiotica e si è concretizzata fino all'esclusione del padre dallo svolgimento del proprio ruolo genitoriale;

– il CTU ha inoltre rilevato l'induzione, nell'immaginario del figlio, di un'immagine violenta del genitore, motivo per il quale il figlio oppone un rifiuto al padre;

– il CTU ha rilevato anche come la madre, persino nel corso della esperita consulenza abbia rivendicato il proprio ruolo di genitore unico;

– in particolare, con riferimento ai motivi del rifiuto del minore a relazionarsi con il padre, il CTU ha evidenziato che tale forte reattività di Matteo nei confronti del padre, anche tenuto conto della sua tenera età all'epoca della cessazione della convivenza dei genitori, ben difficilmente possa essere ricondotta a ricordi particolareggiati e spontanei del bambino, apparendo più probabile che tali ricordi siano conseguenza dei racconti e dei rinforzi posti in essere dalla madre;

– a conclusione della ricostruzione della delicata e complessa situazione familiare, il CTU ha poi suggerito – quale unico intervento possibile per preservare il bambino della riscontrata influenza negativa della madre – l'affido del minore al Servizio Sociale e il suo collocamento presso una Casa Famiglia, durante il quale sia il minore che i genitori dovrebbero effettuare un percorso di psicoterapia, al fine di consentire un rientro alla normalità ed il recupero di una dimensione bigenitoriale;

– il CTU ha altresì indicato la necessità di sospendere inizialmente gli incontri con i genitori, per poi predisporli alla presenza di un educatore e di uno psicologo, con costante monitoraggio delle reazioni del minore;

– inoltre anche la relazione dell'ausiliario del CTU, specializzato in psicologia dell'età evolutiva, ha rilevato l'esistenza di un rapporto simbiotico ed adesivo di Matteo con la madre e una sua completa chiusura al mondo paterno;

Il Tribunale dispone come segue

P.Q.M.

– quanto al regime relativo all'affidamento del minore devono ritenersi condivisibili le valutazioni espresse dal CTU in ordine alla necessità di disporre l'affido del minore al Servizio Sociale;

– nel caso di specie dalla puntuale analisi svolta dal CTU sono emersi profili di inidoneità genitoriale della madre, la quale, come rilevato dal CTU, ha determinato nel figlio un totale rifiuto verso la figura paterna;

– inoltre la madre risulta aver instaurato un rapporto simbiotico e patologico con il figlio, così compromettendo il percorso evolutivo del minore e ledendo il diritto dello stesso alla bigenitorialità;

– tali conclusioni trovano poi altri riscontri nei documenti prodotti in atti e nelle azioni della madre volte ad escludere il padre dalla vita del figlio, anche in relazione alle scelte scolastiche, mediche e ricreative;

– a ciò va poi aggiunto che, come rilevato dal CTU, la madre sembra precludere qualsiasi possibilità di ripresa della relazione del figlio con il padre;

– d'altro canto, quanto alla figura paterna, deve rilevarsi che la circostanza emersa durante le operazioni peritali denotano un ruolo passivo e sottomesso rispetto alle condotte materne con assenza di ogni tipo di rapporto tra il padre e il minore che non ha reso possibile la valutazione sulle competenze genitoriali del medesimo;

– alla luce di tutte le considerazioni sopraesposte, deve quindi concludersi che il regime dell'affidamento condiviso appare attualmente pregiudizievole per il minore, mentre deve considerarsi rispondente alle esigenze di tutela del minore che le decisioni di maggiore interesse per il medesimo vengano, allo stato, assunte da un soggetto terzo rispetto ai genitori;

– di conseguenza va disposto, in via provvisoria, l'affidamento del figlio Matteo al Servizio Sociale;

– con riguardo al collocamento del minore, si rende necessario prendere in esame la proposta di intervento suggerita dal CTU ma è necessario valutare se sia l'unica soluzione praticabile o se siano ipotizzabili forme di collocamento alternative a quella indicate;

– in particolare, stante l'assenza di qualsiasi tipo di rapporto tra il padre e il minore ormai da anni, non sussistono le condizioni per rendere possibile e fattibile un eventuale collocamento di Matteo presso il padre;

– diversamente, quanto al collocamento presso la madre, pur sussistendo le gravi carenze genitoriali sopra descritte, tale soluzione appare, allo stato, tuttora preferibile rispetto all'extrema ratio del collocamento eterofamiliare;

– infatti nonostante il collocamento in casa famiglia sia indicato dal CTU come funzionale a ristabilire la relazione padre-figlio, a fronte dell'età di Matteo e del forte legame affettivo dello stesso con la madre e delle significative ripercussioni dolorose che un collocamento in casa famiglia potrebbe provocare nel minore – appare opportuno promuovere tale percorso di ripresa dei rapporti padre-figlio all'interno dell'attuale ambiente familiare materno;

– quanto al diritto di visita del padre, al fine di facilitare gli incontri tra il medesimo e il figlio, va richiesto ai Servizi già incaricati di sospendere lo spazio neutro e di organizzare almeno uno/due incontri alla settimana in spazi liberi e in presenza dell'educatore domiciliare;

– infine, tenuto conto dei comportamenti pregiudizievoli per il minore tenuti dalla madre, che hanno leso il diritto del figlio alla bigenitorialità e alla continuità delle relazioni parentali con il padre, sussistono i presupposti per l'adozione d'ufficio dei provvedimenti previsti dall'art. 709 ter c.p.c.; in particolare la sanzione più adeguata alla fattispecie è la condanna della medesima al risarcimento dei danni subiti dal minore.

P.Q.M.

Visto l'art. 337 bis c.c., il Tribunale

DISPONE l'affidamento del figlio minore Matteo al Servizio Sociale territorialmente competente.

DISPONE il collocamento del figlio minore Matteo presso l'abitazione materna.

DISPONE che il padre possa vedere il figlio Matteo con incontri organizzati dai Servizi incaricati fuori dallo spazio protetto e in presenza dell'educatore domiciliare.

RICHIEDE ai Servizi incaricati di organizzare almeno uno/due incontri alla settimana tra il padre e il figlio, fuori dallo spazio protetto e in presenza dell'educatore domiciliare.

RICHIEDE altresì ai Servizi incaricati di:

1) proseguire l'attività di monitoraggio della situazione familiare;
2) riattivare l'intervento dell'educativa domiciliare;
3) predisporre ogni intervento utile a supporto del figlio e dei genitori;
4) predisporre un percorso psicoterapeutico sia per i genitori che per il minore.

CONDANNA ex art. 709 ter c.p.c. la madre a versare in favore del figlio Matteo una somma a titolo di risarcimento dei danni nei confronti del medesimo.

CONDANNA la madre, considerato l'esito della vertenza, al pagamento delle spese processuali.

Nei mesi successivi proseguivano i tentativi di incontro tra il padre e il minore, ma tutti fallimentari, salvo rari momenti di breve colloquio tra i due e sempre alla presenza dei Servizi Sociali.
Dopo oltre un anno e mezzo di tentativi di incontri protetti il figlio continua perlopiù a rifiutare il padre.
Massimo non ha potuto che piegarsi alla grande ingiustizia della Legge e chi ne pagherà le conseguenze, nel futuro, sarà per primo il piccolo Matteo, costretto dalla madre, con l'avvallo del Tribunale, a crescere come orfano di padre vivo.

3.4. Storia di ordinaria violenza

"L'amore è forse l'unico delitto dove il carnefice ha come miglior complice la vittima".

Giacomo è un uomo sulla sessantina, ma il suo viso bianco e sciupato, probabilmente estenuato da una grande fatica, lo fa apparire decisamente più anziano.

La famiglia di Giacomo poteva sembrare una bella famiglia, uguale a molte altre, la famiglia della porta accanto.

Giacomo è profondamente religioso ed incontrava Gloria proprio frequentando la Chiesa.

La donna aveva già una figlia, Giada, che aveva cresciuto da sola, non essendo mai stata riconosciuta dal padre biologico.

Nonostante le resistenze e le titubanze di Gloria, dopo un corteggiamento serrato da parte di Giacomo, la coppia iniziava una relazione amorosa, culminata ben presto nel matrimonio.

Giacomo decideva di creare con Gloria una vera e propria famiglia e, data l'età avanzata della coppia e la conseguente impossibilità di concepire figli, l'uomo procedeva all'adozione di Giada.

Giacomo, uomo religioso e profondamente onesto, era pronto a sacrificare ogni aspetto della sua vita per la sua famiglia, essendo fortemente vincolato ai valori del matrimonio.

Gloria, però, quasi da subito attuava una vera e propria opera di distruzione verso il marito, che ben presto si ritrovò in un vortice di umiliazione quotidiana.

La moglie, infatti, dopo il matrimonio era diventata strana, molto chiusa, restia a frequentare altre persone e, mentre Giacomo coltivava numerose amicizie, la stessa declinava ogni contesto sociale.

Per tali aspetti la coppia iniziava ad avere numerosi screzi.

Ma non solo.

Gloria avanzava smisurate pretese economiche, nonostante la modesta posizione lavorativa di Giacomo.

Ella pretendeva che il marito, in quanto "uomo", dovesse occuparsi di tutti i pagamenti: mutuo, casa, automobile, bollette ed anche le spese della figlia Giada.

E se il marito non assecondava le sue richieste, Gloria puntualmente lo puniva.

Le vessazioni quotidiane ben presto si trasformarono in aggressioni fisiche: se Giacomo osava replicare alle richieste della moglie, veniva picchiato.

Plurimi erano gli episodi di violenza subìti da Giacomo, anche alla presenza di Giada, e tutti per futili motivi.

Giacomo è stato vittima di violenza domestica da parte della moglie per mesi.

Lei lo picchiava, lo minacciava e lo controllava.

Giacomo aveva timore di denunciarla perché pensava che nessuno gli avrebbe creduto, essendo un uomo, certamente più grande e possente della moglie.

Solo quando ha iniziato a subire lesioni più gravi, ha deciso di chiedere aiuto.

Giacomo si era rivolto ai Servizi Sociali della zona, che gli consigliavano *in primis* di sporgere querela e, in secondo luogo, di rivolgersi ad un Centro Antiviolenza, al fine di trovare supporto e sostegno per affrontare la difficile situazione.

L'uomo sentendosi sostenuto, trovava il coraggio di denunciare.

Senonché Gloria, una volta contattata dal Servizio Sociale ed avendo preso conoscenza della denuncia, cambiava completamente comportamento e tornava la donna che Giacomo aveva sposato: attenta, premurosa, dolce.

Le quotidiane lamentele e denigrazioni si sostituivano a gesti di affetto e di cura verso il marito e Giacomo, in poco tempo, si convinceva a riprovarci, rimettendo la querela.

Nel giro di qualche mese, però, la situazione nuovamente precipitava.

Le ingiurie e le denigrazioni erano un copione che si ripeteva quotidianamente fino a quando durante un semplice screzio la moglie prendeva letteralmente "a padellate" Giacomo per il solo fatto di aver aperto il frigorifero ed aver preso delle bevande che (a suo dire) dovevano essere utilizzato solo dalla figlia, fino a causargli un trauma cranico.

Nella medesima occasione anche Giada interveniva a supporto della madre, schiaffeggiando ripetutamente il padre.

Giacomo si recava al Pronto Soccorso ma, nonostante la prognosi e la dichiarata violenza domestica subìta, non veniva attivato il Codice Rosso.

L'uomo, esasperato dalla situazione domestica e dai soprusi della moglie, decideva di presentare formale denuncia per il reato di lesioni e maltrattamenti in famiglia.

Giacomo era ormai deciso ad ottenere la separazione dalla moglie.

ALLA PROCURA DELLA REPUBBLICA
DEL TRIBUNALE

Il sottoscritto Giacomo

Espone quanto segue

– L'esponente e la signora Gloria sono sposati e convivono nella casa coniugale, unitamente alla figlia maggiorenne;

– Nel corso degli anni il matrimonio incontrava diversi periodi di crisi tutti connessi e conseguenti ai comportamenti della sig.ra Gloria, di violenza fisica e psicologica nei confronti dell'esponente;

– Ed invero la sig.ra Gloria ha reiterato aggressioni verbali verso l'esponente, essendo solita svilire l'esponente con termini ingiuriosi;

– Negli anni, oltre alla quotidiana violenza verbale, si sono reiterati anche episodi di violenza fisica nei confronti dell'esponente;

– In particolare si sintetizzano i seguenti episodi di violenza fisica e psicologica a danno dell'esponente:

- *la moglie pronunciava le seguenti frasi verso l'esponente: "ti uccido!"; "anzi ti faccio uccidere!";*
- *la signora inviava numerosi messaggi all'esponente dal seguente contenuto "io ti uccido; ti faccio uccidere da altre persone; sei in pericolo; non te la do la separazione; sei inutile; devi pagare tutto tu; sei un mostro; la tua vita è in pericolo";*
- *la signora dava uno schiaffo all'esponente mentre era alla guida, causando la perdita del controllo del volante ed un incidente;*
- *la signora per futili motivi lanciava un bicchiere di vetro verso l'esponente;*
- *sempre nel mese di Settembre la signora colpiva l'esponente con schiaffi e pugni in testa, graffi sulla schiena e morsi alle orecchie, con prognosi di sette giorni;*
- *la signora colpiva l'esponente con ripetute padellate in testa: il referto certifica un trauma cranico.*

– L'esponente si rivolgeva, chiedendo aiuto, ai Servizi Sociali di zona, nonché a un centro antiviolenza maschile;

– Veniva suggerito all'esponente di sporgere una denuncia nei confronti della moglie;

– L'esponente presentava una prima denuncia/querela che, a seguito delle richieste di perdono della moglie e per tenere unita la famiglia, veniva ritirata;

– Negli anni successivi la moglie non ha cessato le condotte di violenza fisica e psicologica verso l'esponente, che si è visto costretto a contattare il centro antiviolenza, nonché a proseguire con il percorso psicologico al fine di trovare conforto e sostegno in questa difficile situazione;

– Anche grazie al sostegno del centro antiviolenza ed al percorso intrapreso l'esponente decideva di chiedere la separazione;

– La richiesta di separazione scatenava l'ira della moglie che, successivamente alla lettera, minacciava nuovamente di morte l'esponente;

– La signora minacciava altresì l'esponente di ripercussioni economiche a seguito della richiesta di separazione.

***

Per tutti i motivi sopraesposti il Signor Giacomo propone

DENUNCIA

Nei confronti della sig.ra Gloria e

CHIEDE

– L'esercizio dell'azione penale, in particolare per i reati di cui all'art. 572 c.p., 610 c.p. 612 c.p. e/o tutti quei diversi o ulteriori reati che la Procura vorrà ravvisare nei fatti come sopra esposti o nelle indagini da essa svolte.

– Con riserva di costituirsi parte civile per il risarcimento dei danni materiali e morali subiti.

– Il sig. Giacomo formula altresì formale richiesta ai sensi degli artt. 408 e ss. c.p.p. di essere informato, nella propria qualità di persona offesa, nella denegata ipotesi di richiesta di archiviazione, nonché, ai sensi dell'art. 406, comma 3, c.p.p. dell'eventuale richiesta di proroga delle indagini preliminari.

Purtroppo non bastò la denuncia per fermare Gloria.

Le violenze continuavano in modo incessante: le ingiurie erano quotidiane e la moglie era finanche arrivata a privare Giacomo della chiave della sua stanza per costringerlo a dormire con lei, contro la sua volontà.

Gloria, infatti, non accettava la separazione.

Anche Giada, unitamente alla madre, sbeffeggiava il padre quotidianamente, impedendogli finanche di accedere al frigorifero di casa per preparare i pasti.

La moglie tempestava il marito di telefonate, anche quando si trovava a lavoro, pronunciando frasi del seguente tenore: "*sei uno scarto della società. Ci servi solo per pagare le spese. Devi morire. Sei una nullità come uomo e come padre. Ti farò impazzire così almeno ti ammali e muori. Anzi ti faccio ammazzare da terzi*".

Giacomo non poteva allontanarsi dalla casa familiare, in quanto non aveva nessuno che potesse accoglierlo e neppure le risorse economiche per sostenere un affitto in città, avendo esaurito tutti i suoi risparmi per soddisfare le incessanti richieste di denaro della moglie.

Erano ormai mesi che Giacomo subiva continue umiliazioni ed aggressioni da parte delle due donne.

L'ira di Gloria derivava dal fatto che Giacomo si era ribellato, chiedendo la separazione, anziché continuare il matrimonio sopportando le ormai quotidiane vessazioni.

L'uomo, esasperato dalla situazione, depositava contestualmente alla separazione un ricorso per l'emissione di ordini di protezione contro gli abusi familiari *ex* artt. 342-*bis* e *ter* c.c., domandando l'allontanamento della signora Gloria e della figlia Giada dalla casa familiare, considerato il *mènage* familiare caratterizzato da evidenti e reiterati episodi di violenza fisica e psicologica posti in essere dalla moglie e dalla figlia.

Si costituiva in Giudizio la moglie, rappresentando come fosse Ella la vittima di violenza, pur senza documentazione alcuna a supporto delle proprie affermazioni.

Veniva escussa quale teste nel procedimento la figlia maggiorenne, che – come prevedibile – si schierava dalla parte della madre.

Peraltro, in sede di interrogatorio avanti al Giudice Civile, la moglie negava ogni violenza da parte del marito, affermando che in casa sussisteva un clima di amore e che gli unici problemi della coppia fossero legati all'assenza di rapporti intimi tra i coniugi.

Nonostante il marito avesse puntualmente documentato le aggressioni con i referti medici del Pronto Soccorso e nonostante la moglie avesse negato poi avanti al Giudice di aver subito violenze, il Presidente del Tribunale adito emetteva la seguente ordinanza presidenziale, rigettando il ricorso per l'emissione di ordini di protezione familiare proposto da Giacomo e chiedendo l'allontanamento del marito dalla casa familiare in comproprietà tra i coniugi.

TRIBUNALE ORDINARIO

Ordinanza Presidenziale

– Ritenuto in ordine alla richiesta ex art. 342 bis e ter cpc formulata dal ricorrente che la richiesta di allontanamento della resistente dalla casa coniugale, per ragioni di pericolo alla incolumità imminente del ricorrente, non è risultata dimostrata in atti;

– Rilevato peraltro che, a fronte della richiesta di separazione, deve essere comunque disposto l'allontanamento di uno dei due coniugi dalla casa coniugale cointestata alle parti;

– Rilevato che le parti hanno una figlia maggiorenne ma non ancora economicamente indipendente la quale, sentita in udienza, ha dichiarato di non avere dei buoni rapporti con il padre, di avere invece un ottimo rapporto con la madre e ha contestato che il padre sia stato maltrattato dalla propria madre. La figlia dichiaratamente voleva continuare a stare con la madre;

– Ritenuto che in ragione dei rapporti come sopra evidenziati è opportuno assegnare la casa coniugale alla moglie unitamente alla figlia in quanto maggiorenne ma non ancora economicamente indipendente;

– Ritenuto, infine, di dover assegnare alla moglie la ex casa familiare per le ragioni sopra esposte.

Il Presidente del Tribunale così dispone

P.Q.M.

autorizza i coniugi a vivere separatamente con obbligo di reciproco rispetto;
ciascuno dei coniugi provvederà autonomamente al proprio mantenimento;
assegna la casa familiare alla moglie e alla figlia maggiorenne ma non ancora economicamente autosufficiente.

Ancora una volta, dunque, il Tribunale decideva di tutelare la parte femminile, la moglie e la figlia, anche di fronte a palesi violazioni non solo dei precetti matrimoniali, ma altresì di norme di Legge a tutela di ogni individuo, affermando come fossero "improvate" le aggressioni subìte dal marito, nonostante la sussistenza di referti del Pronto Soccorso ed anche una relazione dei Servizi Sociali a cui l'uomo si era rivolto per chiedere aiuto.

Il Tribunale, inoltre, lungi dal considerare la contraddittorietà delle affermazioni della moglie, decideva di tutelare la figlia maggiorenne in quanto "non economicamente autosufficiente", pur senza considerare che alla figlia aveva preso parte alle denunciate aggressioni nei confronti del padre.

3.5. *Stalking* al femminile

"*Non scegliamo mai le nostre ossessioni, sono le ossessioni a scegliere noi*".

Giorgio credeva fosse impossibile, ma ben presto si rese conto che stava capitando proprio a lui.

Il giovane si sentiva come se vivesse sotto assedio.

Aveva il timore di uscire dalla propria casa, dall'università, di accendere il cellulare, di leggere gli sms o la posta elettronica.

Giorgio e Giulia si conoscevano al liceo e trascorrevano una vita insieme, fino alla convivenza nel periodo dell'Università.

Poi la scelta di Giorgio di lasciare Giulia.

Il ragazzo capì subito che sarebbe stato difficile.

Giulia, infatti, da subito non si arrendeva alla decisione di Giorgio.

Il ragazzo era sempre stato molto innamorato di Giulia, accettando spesso condotte e comportamenti della compagna che valicavano il dovuto rispetto.

Giulia, quindi, non credeva che la volontà di Giorgio di separarsi fosse reale.

La ragazza non accettava il limite e pretendeva che Giorgio fosse costantemente a sua disposizione e se ciò non accadeva, si arrabbiava e diventava aggressiva.

Ogni tentativo di Giorgio di allentare un po' la relazione, declinando un invito o non rispondendo al telefono, veniva percepito da Giulia come una minaccia d'abbandono.

Ma solo dopo la decisione definitiva di Giorgio, cominciavano i comportamenti ossessivi di Giulia.

Gli appostamenti erano quotidiani, così come le telefonate.

Giulia tempestava di messaggi interminabili l'ex compagno, di chiamate anonime, di post offensivi sui *social network*.

Giorgio smetteva di frequentare gli amici comuni della ormai "ex" coppia, cambiava i locali e persino il quartiere dove viveva in città.

Il ragazzo bloccava il contatto telefonico di Giulia, ma nonostante ciò, ogni sera, arrivavano puntualmente chiamate anonime: spesso parlava Giulia, altre volte faceva parlare le sue amiche.

Più Giorgio non reagiva, più i messaggi diventavano taglienti e rabbiosi:

> "*sei un fallito, sei orrendo, senza di me non sei nulla, mi fai schifo, ti rovino la vita, senza di me non vai da nessuna parte*".

Una sera d'estate, poi, Giorgio prendeva la macchina per raggiungere degli amici, ma durante il tragitto si accorgeva di essere seguito.

L'autovettura dietro di lui lo incalzava in una strada decisamente isolata, arrivando a pochi centimetri e poi affiancandosi fino a mandarlo fuori strada.

A bordo dell'autovettura, insieme ad un uomo, Giorgio poteva scorgere Giulia.

Giorgio era così spaventato che decideva di non denunciare l'accaduto, per timore di reazioni folli da parte dell'ex fidanzata e perché non aveva alcun testimone dell'accaduto.

Giorgio, a quel punto, si rivolgeva persino ad una psicologa, poiché si ingenerava in lui un senso di colpa e di confusione, credeva di aver sbagliato qualcosa.

Rientrato a casa dopo una seduta, Giorgio trovava Giulia nel suo letto ad aspettarlo.

Il ragazzo era letteralmente terrorizzato e non si capacitava di come l'ex fidanzata fosse riuscita ad accedere alla sua abitazione.

Giorgio, furioso e spaventato, incominciava ad urlare e Giulia gli correva incontro iniziando a colpirlo in viso con numerosi schiaffi.

Giorgio per allontanare la ragazza la spingeva: Giulia picchiava la testa contro il muro e sveniva.

Giorgio chiamava immediatamente i soccorsi, ma nessuno credeva alla sua versione dei fatti.

La giovane donna, infatti, una volta ripresa raccontava ai medici di essere stata aggredita dall'ex compagno, poiché ella rifiutava di avere rapporti con lui.

Il Codice Rosso scattava in automatico: la polizia giudiziaria ravvisava che nei fatti raccontati da Giulia vi fossero gli estremi della violenza domestica.

Giorgio, sconvolto e preoccupato per la situazione che inesorabilmente vedeva completamente rovesciarsi in suo sfavore, si decideva a depositare un esposto per *stalking.*

ALLA QUESTURA

Il sottoscritto Giorgio espone quanto segue

premesso

– che l'esponente ha interrotto una relazione sentimentale durata circa otto anni con Giulia;

– che quest'ultimo non volendosi rassegnare alla fine del rapporto ha iniziato a perseguitarmi attraverso una serie di molestie e minacce che hanno ingenerato in me il timore di un pericolo per la mia incolumità fisica;

– che in particolare Giulia inviava all'esponente plurimi messaggi, fino ad essere bloccata sull'utenza telefonica;

– che conseguentemente Giulia iniziava a contattarmi con chiamate anonime, ingiuriandomi ripetutamente con le sue amiche;

– che ancora una sera venivo inseguito e mandato fuori strada da un'autovettura, a bordo della quale potevo scorgere Giulia sul lato del passeggero ed un uomo a me sconosciuto alla guida;

– che infine Giulia si faceva trovare dentro la mia abitazione, pur non avendo le chiavi per accedere, e iniziava ad aggredirmi fisicamente con numerosi schiaffi in testa;

– che dunque Giulia si è resa responsabile di condotte che si inseriscono nella fattispecie dello stalking, essendo ripetute, ossessive, persecutorie, creando ansia e paura nella vittima.

Tanto premesso

Il sottoscritto Giorgio

ESPONE

I suddetti fatti all'Autorità, affinché la S.V. Voglia, in applicazione dell'art. 8 del Decreto legge n. 11 del 2009, ammonirla verbalmente affinché tenga una condotta conforme alla legge, al contempo redigendo processo verbale e valu-

tando la perseguibilità penale per i fatti tutti esposti e, se del caso, trasmettendo tutto alla competente Procura della Repubblica.

Al contempo Giulia sporgeva una querela per i fatti occorsi, dichiarandosi vittima di un'aggressione da parte dell'ex compagno ed accompagnando la querela con il referto di Pronto Soccorso rilasciato il medesimo giorno.

Giorgio era fiducioso nella Legge, ma dovette ricredersi.

In pochi giorni, infatti, il Questore rigettò la richiesta di ammonimento, ritenendo i fatti sforniti di prova ed anzi considerando che le tempistiche del deposito della richiesta di ammonimento fossero indice della pretestuosità delle stesse.

In sintesi il Questore riteneva che il deposito contestuale alla denuncia di Giulia fosse un mero tentativo per preservarsi da una responsabilità per lesioni ormai certa.

3.6. E se fosse troppo tardi?

"*Se c'è una cosa che nessuno ti può restituire, quella è il tempo perduto*".

Giovanni è un uomo sulla cinquantina.

Il suo aspetto fiero ed il portamento elegante saltano subito all'occhio.

Sposatosi giovanissimo con la sua fidanzata di sempre, Giovanni amava la sua famiglia più di qualsiasi cosa.

Dalla relazione con sua moglie, infatti, erano nati due figli, ormai quasi adolescenti.

Clara, sua moglie, non aveva però mai del tutto abbandonato la sua famiglia d'origine: legatissima alla madre ne subiva quotidianamente l'influenza, omologandosi ad ogni suo pensiero e ad ogni suo *dictat.*

Proprio il morboso rapporto con la sua famiglia d'origine aveva generato una frattura nella coppia, frattura che nel tempo si è acuita, sino ad ingenerare una crisi irreparabile.

Giovanni era consapevole dell'impossibilità di proseguire un rapporto tanto litigioso, ma era altrettanto certo di poter affrontare al meglio e nell'interesse preminente dei figli anche una eventuale separazione dalla moglie.

Le sue speranze, però, iniziarono ben presto a vacillare.

Clara creava in casa quotidianamente un clima di tensione, con continue aggressioni e ingiurie verso il marito ed i figli, arrivando finanche ad attaccarli con calci e spintoni.

Le liti erano quotidiane e Giovanni era terrorizzato.

Clara, infatti, non solo lo provocava in ogni modo, ma lo rincorreva per casa e fingeva spesso ella stessa di essere aggredita con frasi come "non toccarmi" o "allontanati", pur se Giovanni si trovava ben distante dalla stessa.

Il marito non comprendeva cosa stesse succedendo e di sovente scappava letteralmente da casa per evitare situazioni simili.

Il marito non riusciva a comprendere se la confusione fosse nella sua testa o se il comportamento della moglie fosse realmente così strano ed incomprensibile.

Spesso Giovanni si addormentava con le lacrime e si svegliava stropicciandosi gli occhi, incerto e titubante di quanto la moglie avrebbe inscenato il giorno successivo.

Solo in un secondo momento Giovanni riuscì a trovare una motivazione ai comportamenti della moglie.

Clara, infatti, inaspettatamente, si rivolgeva ad un "Centro Antiviolenza Femminile" della sua città, al quale riferiva la situazione familiare, rappresentando litigi e condotte di "violenza" da parte del marito.

In quella sede veniva dato a Clara il consiglio di registrare il marito e di depositare quanto prima una denuncia nei suoi confronti.

E questo è proprio quello che Clara fece.

Solo in quel momento le provocazioni e le frasi di Clara trovarono un senso: erano le uniche prove che avrebbe potuto allegare ad un'eventuale denuncia.

Ed invero, esclusivamente sulla base di suoi personali racconti e delle registrazioni prodotte, indicando come persone informate sui fatti i di lei genitori, senza allegare alcuna documentazione medica comprovante le asserite "condotte violente", Clara depositava una denuncia per maltrattamenti in famiglia nei confronti del marito, con richiesta di una misura cautelare quale il divieto di avvicinamento ai luoghi frequentati dalla persona offesa.

Tale richiesta fu accolta dalla Procura che disponeva l'allontanamento immediato del marito dalla casa familiare, nonché il divieto di avvicinamento con obbligo di distanza di almeno 500 metri.

Conseguentemente per Giovanni era impossibile non solo avvicinarsi alla moglie, ma anche ai propri figli, che erano appunto rimasti presso l'abitazione familiare, dalla quale Giovanni fu costretto ad allontanarsi.

Contestualmente Clara depositava presso il Tribunale un ricorso per la separazione giudiziale dei coniugi, domandando il collocamento della prole presso di sé, nonché l'affidamento esclusivo dei figli.

Trascorrevano sette mesi prima dell'udienza presidenziale, mesi in cui al padre in nessun modo veniva concesso dalla madre di vedere né sentire i figli.

Si costituiva in giudizio Giovanni, contestando le gravi allegazioni avversarie ed in sede di udienza presidenziale i coniugi raggiungevano un accordo circa la possibilità del padre di frequentare i figli.

Ciò, di per sé, sembrerebbe incompatibile con la denuncia sporta dalla moglie.

Quale madre lascerebbe i figli ad un padre tanto pericoloso da avere un divieto di avvicinamento?

Eppure il Tribunale pare non essersi posto questa domanda, omologando l'accordo provvisorio tra i coniugi.

Nonostante ciò Giovanni vedeva i figli nei pochi spazi concessi dalla moglie e poteva da loro recepire le continue lamentele per gli atteggiamenti violenti che viceversa i figli subivano dalla madre.

Infatti Giovanni aveva portato il Tribunale a conoscenza, allegando ampia documentazione, di innumerevoli condotte violente di Clara, rivolte tanto al marito, quanto ai figli.

Eppure il Tribunale si limitava, in sede di prima udienza, a disporre un monitoraggio dei Servizi Sociali, ignorando la richiesta avanzata da Giovanni di una perizia tecnica psicologica per valutare le rispettive capacità genitoriali dei coniugi, lo stato psicologico dei genitori e della prole, nonché il miglior regime di collocamento ed affidamento dei figli.

I Servizi Sociali si limitavano a due colloqui in presenza rispettivamente del padre e della madre, nonché ad un accesso domiciliare presso entrambe le abitazioni.

Questo era un altro punto dolente.

La moglie, infatti, dopo la separazione, senza nulla comunicare al marito, spostava la propria residenza e quella dei figli presso i di lei genitori, iniziando a vivere presso l'abitazione dei nonni materni.

Qui, non solo vi era un'unica stanza (con un solo letto!) che accoglieva Clara ed i figli, ma questi ultimi venivano costantemente lasciati alle cure dei nonni materni.

I Servizi Sociali relazionavano, senza esporsi in merito ai provvedimenti da adottare, che i figli quasi adolescenti dormivano nel medesimo letto della madre, circostanza che, unitamente al cambio unilaterale di residenza, il Tribunale non riteneva di considerare in alcun modo.

Nel frattempo il Giudice assegnatario del procedimento di separazione era cambiato almeno tre volte e terminava il processo penale per il reato di maltrattamenti in famiglia con l'assoluzione di Giovanni.

Nella motivazione della sentenza si poteva leggere quanto segue:

"*Tutti i testimoni terzi hanno riferito che gli atteggiamenti prevaricatori uditi erano provenienti dalla donna. Gli unici testimoni della persona offesa (i genitori) non appaiono attendibili considerata la vicinanza alla parte in causa. Peraltro nella relazione di intervento dei Carabinieri si legge che la moglie si rivolgeva con aggressività verso il marito tanto da dover essere invitata a mantenere la calma. Emerge dunque un rilevante astio della donna verso l'imputato. Appare inoltre nevralgico il contenuto di un video prodotto dal marito in cui la moglie, senza motivazione alcuna e senza alcun atteggiamento provocatorio da parte del marito, colpisce ripetutamente il marito con un bastone di plastica. Ciò che colpisce è il carattere totalmente gratuito della violenza: non c'è un clima di tensione, non c'è un litigio acceso con toni aggressivi, ma una discussione del tutto ordinaria in cui la moglie rimprovera il marito per non aver preparato la tavola per la cena. Proprio dalla gratuità dell'aggressione emerge l'abitualità della violenza. I testimoni sentiti hanno inoltre confermato una asimmetria nelle aggressioni verbali durante i litigi, riconducendole alla moglie. Inoltre hanno confermato come il marito spesso usciva di casa per evitare che i litigi degenerassero. Ciò sembra conciliarsi con l'indole violenta della moglie, provata dal video prodotto dal marito*".

Il Tribunale penale decretava l'assoluzione del marito "*perché il fatto non costituisce reato*".

Al contempo, presso il Tribunale civile, il terzo Giudice assegnatario del procedimento, preso atto dell'esito del procedimento penale e dell'assoluzione del marito, decideva di disporre la perizia psicologica sul nucleo familiare, richiesta da Giovanni sin dall'inizio del procedimento.

Il perito nominato dal Tribunale rilevava nelle proprie conclusioni le dinamiche di dipendenza della figura materna dalla propria famiglia d'origine:

"*la madre dei minori risulta invischiata nelle dinamiche della famiglia d'origine tanto che ha consentito alla propria madre di denigrare l'altro genitore in presenza dei minori e non è intervenuta per far cessare tali parole ma anzi, alleandosi con la propria madre, ha confermato e rafforzato le denigrazioni rivolte all'altro genitore, determinando così un clima che turba i minori*".

Quanto al padre la CTU nominata dal Tribunale rilevava quanto segue:

"*il contesto abitativo paterno risulta maggiormente in grado di offrire un clima sereno per favorire il pieno benessere dei minori. I figli considerano la casa del padre come un luogo proprio, con i propri spazi e le proprie abitudini, liberi da ingerenze esterne. Entrambi i minori con il papà si sentono rassicurati ed hanno un legame positivo. Il padre risulta il genitore in grado di garantire l'accesso all'altro genitore*".

E infine concludeva indicando come preferenziale un collocamento presso il padre:

"*La scrivente ritiene pertanto che l'attuale collocamento prevalente materno vada contro l'interesse dei figli*".

Sembrerebbe un lieto fine, ma per Giovanni non è stato così.

Per ottenere semplicemente "giustizia" un padre (uno dei tanti) ha dovuto attendere cinque anni, anni in cui per lunghi periodi di tempo non ha potuto vedere i suoi figli senza un motivo, anni in cui ha dovuto affrontare un processo penale, anni in cui ha sostenuto esorbitanti spese, anni in cui ha vissuto in un incubo.

Capitolo Quarto

La parola alle vittime: testimonianze

SOMMARIO: 4.1. Testimonianze.

4.1. Testimonianze

Dopo la puntuale disamina del tema della violenza sull'uomo effettuata nei precedenti capitoli, concludiamo con una serie di testimonianze reali, dando la parola direttamente all'"uomo vittima", per porre i riflettori sulla sofferenza e le concrete problematiche che si verificano dentro e fuori dai Tribunali.

* * *

Sono un Padre di 45 anni, in lotta per suo figlio da ormai quasi 4 anni.

Me ne andai di casa della Madre perché stanco di litigare con lei davanti al bambino, me ne andai per tutelare il minore.

Credevo che facendo le cose in maniera regolare/corretta, tutto si sarebbe risolto in breve e avrei potuto svolgere il mio ruolo di Padre in maniera serena, visto che da quando è nato mio figlio, mi veniva impedito di viverlo come genitore da una "Madre proprietaria".

La mia famiglia di origine non lo ha mai vissuto e non credo che mai lo vivrà mai.

Nell'andare via da quella casa è iniziato l'inferno.

La Madre, senza alcun motivo, fugge con il bambino e da lì non l'ho più rivisto, né sentito, per quasi 3 anni.

Chiedi aiuto ai Carabinieri ma nessuno fa nulla, chiami allora un Avvocato e da lì entri in vortice giudiziario lungo e farraginoso.

Ti ritrovi poi accusato dalla parte materna di fatti inesistenti senza senso, senza un perché, con calunnie e falsità per distruggerti come genitore e come persona, utili soltanto ad allungare i tempi processuali (già lunghi di loro) e dare inizio nel frattempo a un percorso manipolativo sul minore, portandolo ad un rifiuto ed all'odio verso il Padre.

Ti ritrovi, dunque, a sopportare il dolore della perdita di tuo figlio, ti ritrovi un fallimento familiare, ti ritrovi a difenderti da accuse e calunnie, ti ritrovi un uomo estraneo che gode di tuo figlio e, non da ultimo, ti ritrovi spese giudiziarie di grande portata.

Oggi come oggi sono riuscito in qualche modo a dimostrare le falsità a me attribuite ma, dopo quasi quattro anni, mi ritengo un uomo e un padre distrutto!!!

Dormo con psicofarmaci, ho un figlio che ormai non mi vuole più e vede nel nuovo compagno della madre il ruolo Paterno, la mia famiglia di origine non potrà mai godere di mio figlio e, sebbene la madre sia stata condannata da una CTU e da un Tribunale, questo non basta a collocarlo dal sottoscritto: solo perché sono un uomo/padre.

Ogni denuncia/querela fatte nei confronti della Madre è destinata ad essere archiviata e, come sempre, tutto passa come se nulla fosse successo.

La giustizia italiana non tiene conto dei tempi del cuore che sono totalmente differenti da quelli dei Tribunali.

Ad oggi sto ancora lottando, forte di essere una persona onesta e corretta, forte della mia verità.

Questo, però, non basterà per vivere mio figlio, oramai il danno è stato compiuto e gli anni persi con lui sono perduti per sempre.

Sono consapevole, dunque, che saremo due corpi estranei, due individui ai quali è stato impedito di crescere insieme.

* * *

TUTTI crediamo nell'amore vero?

Beh molti rimangono illusi ed altri contenti ... ora vi racconto la mia storia.

Convivevo con la mia ex compagna ormai dal luglio 2014.

La incontrai su internet, le classiche conoscenze che definivo temporanee, invece me ne innamorai. Subito lei si fidò di me, sfogandosi per la sua situazione "famigliare".

La mia ex compagna mi raccontava che non aveva mai avuto una mamma, che era lei ad aver sempre fatto "da mamma" alla sua, soprattutto dopo la separazione con il suo ex marito.

Mi raccontava come sua madre iniziò con varie frequentazioni di svariati uomini (poco affidabili e raccomandabili) che si susseguivano nella casa dove la figlia abitava con la madre.

Mi raccontava inoltre che la madre fin da piccola la picchiava ed ammetteva di aver avuto una depressione *post partum* durata ben dieci anni (secondo me come alibi per giustificare i suoi comportamenti decisamente instabili).

Il nostro rapporto fu da sempre burrascoso, visto che essendo cresciuto in una famiglia per bene non concepivo affatto quei comportamenti del tutto a me sconosciuti.

Questo è sempre stato per anni motivo di forti discussioni e litigi.

La mia ex compagna a volte usava le mani con spintoni calci e urla spropositate.

Nonostante questo quando si hanno le fette di salame sugli occhi, non si vede proprio nulla.

Nel 2018 la mia ex compagna rimase incinta ma perse il bambino con un aborto spontaneo dopo quattro mesi.

Da lì inizio un CALVARIO senza fine.

Iniziò a fissarsi sulla gravidanza e per ben due anni sia io che lei ci siamo sottoposti ad una serie interminabile di controlli che davano tutti la stessa risposta: NON c'è nessuna problematica per la quale non potete avere bambini.

Nel 2020, quando ormai ci eravamo quasi rassegnati, arrivò nostro figlio e fu la gioia più grande che mi poteva dare la vita.

Forse per tre mesi andò tutto a meraviglia … io lavoravo come sempre, usavo una bicicletta per spostarmi e andare al lavoro, per garantire che alla mia famiglia non mancasse nulla.

Le frasi che tutt'ora mi scoppiano nella testa, però, sono numerose:

> "*non so come fanno quelle mamme a stare a casa tutto il giorno da sole con i propri figli*";
> "*io non voglio più allattarlo perché è troppo stressante per me non ce la faccio più*";
> "*mandiamolo all'asilo a cinque mesi così posso rientrare a lavoro*".

Dopo un anno di vita, la mattina del giorno di Natale del 2021, come augurio la mia ex compagna mi disse: "*io non provo più nulla per te a gennaio ti faccio arrivare la lettera dell'avvocato*".

E così fece … annullandola dopo pochi giorni … passò qualche mese e mi fece arrivare un'altra lettera da un legale diverso … annullata anche quella.

Il rapporto ormai era compromesso ma ci volevo credere e sperare, soprattutto per nostro figlio, il quale stava praticamente sempre con me visto che lei oltre al lavoro si dedicava a unghie, capelli ed uscite con colleghe o con la madre.

Arrivò novembre e, senza chiedermi nulla, la mia ex compagna portò in casa una sua parente e da lì a fine mese arrivò alle mani nuovamente ma, questa volta, in maniera più intensa lasciandomi evidenti segni.

Il giorno dopo mi allontanai di casa e mi recai al Pronto Soccorso, con una prognosi di sette giorni.

La mia ex compagna credeva che, come tutti gli altri papà, gli avrei lasciato nostro figlio come se nulla fosse.

E invece ha trovato il papà SBAGLIATO.

Ebbene, una volta che i nostri legali iniziarono le controversie ci ritrovammo per la prima udienza in Tribunale.

Tutto avrei pensato ma mai che forse un po' di giustizia esistesse anche in questo Stato, nel quale si dà la priorità e la ragione sempre e solo alle mamme.

Il Giudice decide che il minore rimane in maniera paritetica con i genitori e, per fare chiarezza sulla situazione familiare, viene stabilita una CTU.

Non senza preoccupazioni ma con l'umore decisamente alle stelle mi abbraccio con il mio legale e andiamo avanti.

L'unica cosa che mi sento di dire è questa: non mollate mai anche quando tutto vi sembra contro di voi, giustizia istituzioni e soprattutto le donne.

In bocca al lupo a tutti quelli che si trovano in queste situazioni.

* * *

Ero single ormai da un po' di tempo e ci stavo anche molto bene. Ormai vivevo spesso nella mia seconda casa al mare ma in primavera, rientrando in città, avevo semplicemente voglia di divertirmi un po'. Scarico una famosa app di *dating* e conosco questa ragazza: da subito parliamo tantissimo, molte confidenze e dopo pochi giorni decidiamo di vederci. La serata parte un po' lentamente ma dopo l'aperitivo decidiamo di andare a cena insieme e le cose sembrano andare bene. Tutto è contornato da tantissimo dialogo e anche gesti d'affetto, non associabili al solo divertimento. Dal giorno dopo iniziamo a sentirci tutti i giorni, a vederci 3 o 4 volte a settimana, lei dorme spesso da me, lascia a casa mia lo spazzolino e altre cose sue. A me iniziava a piacere davvero tanto e sentivo davvero un feeling non comune con lei: non mi sembrava vero che tutto andasse così bene in così poco tempo. La prima battuta d'arresto dopo tre settimane, poco prima di una sua vacanza in Sud Italia con un'amica: usciamo a cena, serata perfetta, tra baci e dolcezze, ma a fine cena vuole che la riaccompagni a casa, e mi dice che non si sente pronta per una relazione, essendosi lasciata con l'ex da pochi mesi. Ovviamente mi era dispiaciuto moltissimo, ma la ho rassicurata e le ho detto di non preoccuparsi e di stare tranquilla. Ci siamo salutati e, per come si era messa, per me era finita e me ne stavo facendo una ragione. Ma la sera dopo ero uscito con amici e inaspettatamente lei mi chiama, dicendo che voleva vedermi per salutarmi prima di partire. Io, essendo molto preso da questa ragazza, ovviamente vado da lei e siamo stati sotto casa sua ad abbracciarci e a parlare per qualche ora. Tutto sembra essere tornato normale. Il giorno dopo parte, e durante la sua vacanza ci sentiamo tutti i giorni con messaggi e chiamate. Io mi facevo sentire molto poco, memore della sua ansia su cui si era confidata, ma ad ogni suo messaggio o chiamata ero sempre presente. Visto che la vedevo di nuovo serena e la sentivo presa dal rapporto le propongo al ritorno di farci qualche giorno insieme via e lei accetta entusiasta senza esitazioni. Al suo rientro la vado a prendere in stazione e stiamo insieme da me e, pochi giorni dopo, partiamo. Per farle una sorpresa decido di portarla nell'hotel più bello di una località molto conosciuta e quei giorni insieme sembravano essere passati felicissimi, tant'è che lei mi chiese di prolungare la vacanza (cosa che ovviamente accetto di fare). Di punto in bianco però il sogno si trasforma in un incubo: l'ultima notte, appena prima di dormire mentre siamo a letto, mi dice che non è pronta per una relazione e non vuole portarmi nella sua vita. La mia reazione è calma, ma non riesco a dormire: mi giro nel letto, mi alzo per bere. A lei questa reazione crea un attacco di panico, chiede di tornare in città e che non vuole stare in camera con me. Alla fine, cerco di calmarla, dormiamo e al risveglio dopo la colazione (tutto ormai era diventato molto freddo), rientriamo in città e ci salutiamo. Lei mi aveva chiesto dei giorni per pensare, io l'ho salutata dicendo che andava bene ma poco dopo le scrivo un paio di messaggi ed un vocale ringraziandola per quei giorni e che non doveva sentirsi in dovere di nulla. Lì la situazione precipita: mi scrive che non ce la fa più, che non vuole più sentirmi né vedermi e mi inizia ad accusare di essere uno "stalker", al punto che dopo che le avevo scritto un messaggio la mattina dopo mi dice che andava fuori città con amici perché le facevo paura. Io sconvolto da questa reazione ho cercato di capire, forse con qualche messaggio di troppo, ma mai offensivo o aggressivo. Volevo solo capire. Ho dovuto spedirle le sue cose a casa, perché diceva che aveva paura a venire anche solo in portineria da me. Dopo solo due giorni, in cui avrò mandato una decina di messaggi in totale, sono stato bloccato su WhatsApp e qualsiasi social. Pochi giorni dopo (dalla rottura ormai erano passati circa 10 giorni), mi arriva a casa una lettera di un legale, additando il mio comportamento come gravissimo, inputandomi problemi psicologici. In aggiunta, evidenziava che la ragazza ormai viveva in perenne stato di ansia e paura. Io sempre più sconvolto non so cosa fare, e la chiudo andando da un legale e rispondendo a questa lettera. Ma scopro che per la legge è vero che sono sufficienti due contatti e un mazzo di rose indesiderati, per essere considerato uno "stalker". Dopo questa rottura ci ho messo quasi un anno a riprendermi: per i primi sei mesi sono andato da uno psicologo, domandandomi se avessi veramente compiuto un crimine e se fossi quella persona orribile che l'avvocato della ragazza aveva dipinto. Ho pensato anche di autodenunciarmi a un certo punto, sentendomi in colpa per come lei si era fatta vedere terrorizzata. Mi trasferisco di nuovo al mare: avevo paura di andare in giro per la città, per il timore di incontrarla e di essere aggredito o insultato. Cosa che purtroppo poi accade dopo qualche mese, in cui la incontro per caso in un ristorante sotto casa mia: non ci rivolgiamo parola, ma lei si alza in panico, ad alta voce mi indica con le amiche come fossi un mostro. Non una bella sensazione. Per i mesi a venire avevo ormai il terrore a parlare con le donne: ero sempre stato molto sicuro di me e conoscevo sempre ragazze, ma qui ormai avevo paura di parlare con una ragazza e che questa prendesse una mia *avance* come una molestia. La cosa che mi ha aiutato, tuttavia, sono state le donne stesse: a tutte le ragazze che ho frequentato dopo di lei ho raccontato questo episodio, anche alla mia attuale fidanzata. Dentro di me volevo davvero capire se ciò che ho fatto era così terribile, tanto da portare a una potenziale denuncia. Nessuna delle donne con cui sono uscito si è spaventata, anzi. Sono ancora in ottimi rapporti con molte di loro (ho sempre mantenuto buoni rapporti con le ex). Lei invece, nonostante avessi fatto qualche sporadico tentativo di capire come stesse e di scusarmi se fosse stata male, non l'ho mai più sentita. La violenza psicologica che ho subito da questa ragazza è stata molto pesante ma per la legge, a quanto pare, non conta nulla.

* * *

Sono un papà di due splendidi gemellini nati prematuri. Due piccoli guerrieri. Uno dei due supereroi però, a causa di un arresto cardiaco, ha riportato una disabilità motoria e, fin dalla tenera età, è seguito da specialisti.

Nonostante tutto, però, la mia storia ha dell'assurdo.

Iniziamo dagli antipodi.

Conosco la mamma dei miei figli quando avevo 20 anni circa o poco meno. Per caso. La noto e inizio a corteggiarla. Ci innamoriamo, o così credevo che fosse e decidiamo di andare a convivere.

Due caratteri duri, ma tra alti e bassi, tira e molla, nel dicembre del 2018 scopriamo di aspettare un figlio.

Pensavo davvero che la nascita di un figlio potesse creare quell'armonia famigliare tanto desiderata, ma invece, dopo un anno dalla nascita dei miei figli, tutto crolla.

Mi separo dalla mia compagna, ma continuo a vedere i miei figli solo alla presenza di lei e ai suoi "ordini".

Accetto, dopotutto cosa non si fa per i propri figli?

Desideravo e desidero ancora oggi essere padre, un buon papà, seguendo gli insegnamenti e la guida del mio stesso padre.

... Ma l'incredibile è sempre in agguato.

Inizio a non vederli più.

Lei mi accusa di maltrattamenti nei suoi confronti e, a sua detta, a breve avrei ricevuto una denuncia.

Una denuncia nata così, dal nulla, fondata dalla sua "strana" paura nei miei confronti e, in futuro ipotetico, nei confronti dei miei figli.

Quella paura che inizialmente non aveva e non aveva mai manifestato quando mi dava l'occasione di vedere in sua presenza i bambini.

Da quel momento, inizia il mio calvario.

Non ho più avuto il diritto e il dovere di far visita ai miei figli. Fui rifiutato più e più volte. Supplicavo sotto casa di poterli vedere. Abbracciarli. Salutarli. Ma la porta davanti a me era sempre e solo chiusa.

Per paura di essere accusato ingiustamente, come aveva già fatto in passato, mi armavo di coraggio e di registrazioni audio e video (ancora in mio possesso).

Ogni volta era un colpo al cuore e al mio dovere e diritto di essere padre. Una ferita che, ancora oggi, è evidente. Dopo un anno mi avevano negato la possibilità di essere un padre, ma nonostante tutto, non ho mai e poi mai voluto denunciarla o querelare quel suo assurdo comportamento.

Lei che ha sempre disprezzato le donne che si comportavano in tal modo. L'ho sempre voluta tutelare. Dopotutto era pur sempre la madre dei miei figli.

Poi, la svolta. Dopo tante suppliche, rospi ingoiati e delusioni, un piccolo spiraglio ... lei, mi dà l'opportunità di vedere i miei figli in videochiamata e aver loro notizie di salute e non tramite WhatsApp.

Combatto ancora una volta e ho l'occasione di vederli saltuariamente prima con la madre e poi con il padre di lei. Vengo trattato come un estraneo.

Vedo i miei figli nei bar o in piazza. Per strada, come un "appestato". Era poco, ma mi dava speranza, o almeno credevo.

Un'altra pugnalata alle spalle.

La madre mi accusa verbalmente.

Il padre ugual modo, senza alcune prove, di averlo aggredito al volto, ma lei, avanza una denuncia per maltrattamenti nei suoi confronti e stalking.

Un altro colpo che mi ha completamente scaraventato a fondo.

Intanto però, il mio mandato di affidamento congiunto avanza in Tribunale.

Forse, può essere la mia occasione per poter vivere finalmente in serenità la mia paternità, penso ... ma il Tribunale dei minori, ancora una volta, mi ha cancellato quella gioia. In sede civile si è deciso di attuare il procedimento di tutela dei bambini con incontri protetti attraverso la figura degli assistenti sociali in uno spazio neutro e da quel momento, la mia ex compagna ottiene l'affidamento esclusivo.

I servizi incaricati, o per la totale disorganizzazione o per altro, si attivano dopo mesi ed io resto fermo ad aspettare una chiamata che sembra non arrivare mai.

Non ho notizie dei miei figli per mesi. Lei mi blocca da ogni tipo di utenza. Facebook. Instagram. WhatsApp. Telefonia privata.

Come stanno i miei figli. Come sono diventanti. Parlano. Mangiano. Ridono, ma soprattutto si ricordano di me? Tutte domande a cui non riuscivo a trovare risposte.

Iniziano a fare i primi passi, o in parte. Lei li battezza senza la mia presenza o la mia "approvazione" che da cristiano, mi avrebbe solo fatto gioire. Crescono, ma senza di me.

Inizia intanto anche il procedimento penale nei miei confronti. Una persona pericolosa. Un delinquente. Un qualcosa che in realtà non sono. Nonostante tutto, però, non ho alcuna restrizione nei suoi confronti. Colloqui su colloqui. Avvocati e sale prive di calore. Come nei film, solo che ora tutto era realtà, la mia realtà.

Finalmente gli incontri protetti iniziano. Ci ritroviamo io, i miei figli e un'educatrice ad iniziare insieme un percorso che, non pensavo sarebbe stato così lungo. Un giorno a settimana per un'ora posso fare il papà. Un giorno a settimana posso giocare solo con un gemello e l'altro giorno della settimana successiva con entrambi i miei figli.

Come può, ancora oggi, la giustizia disporre che gli incontri tra il genitore non convivente e i figli minori si possano svolgere da remoto con l'assistenza degli operatori sociali in un tempo così limitato? E perché, anche se con una denuncia e una non condanna a mio carico, si sono attivati i servizi sociali solo con incontri protetti? Incensurato. Senza condanne e senza reati penali. Perché?

Nello stesso momento inizio anche un percorso di bigenitorialità, quale mi sono sempre reso disponibile frequentare insieme a lei. Ho accettato anche di costruire un rapporto pacifico e maturo al fine di salvaguardare il benessere dei nostri figli, ma che dall'altra parte non ho mai ricevuto. Non ho mai saltato un incontro nonostante il lavoro. Ho sempre rispettato le ordinanze del tribunale dei minori e versato le giuste "quote" per il benessere dei miei FIGLI e non solo. Non ho mai commesso errori nei suoi confronti, nonostante avessi avuto tutte le giustificazioni di questo mondo.

Ad oggi, gli operatori sociali mi descrivono positivamente sia come persona, sia come padre, sempre presente e responsabile che ha istaurato una relazione solida con i propri figli.

Ed io mi chiedo, perché allora, ad oggi non mi danno l'occasione di viverli in libertà senza essere continuamente sottoposto a tale calvario?

Sono un padre e voglio fare il padre.

Il padre con dei diritti e doveri.

Sono un padre e sono vittima di maltrattamenti sugli uomini da parte di una società che tutela solo la figura femminile, quella figura che non sempre racconta la verità.

* * *

Sono stato vittima di violenza per la quale stupidamente non ho denunciato e sapere che l'abbia fatto la madre di mio figlio con l'inganno è una cosa che a livello emotivo lascia segni indelebili.

Ho conosciuto lo stato di *shock*, anche se non me lo ha diagnosticato nessuno.

Ho percepito uno stato di vuoto incommensurabile, ma allo stesso tempo, quella donna che mi aveva ingannato, mi ha lasciato mio figlio per due mesi, sapendo che non poteva staccarsi da me e solo il senso della vita che si rigenera permette di mantenere la fiaccola accesa della speranza.

Ma la parte emotiva non è importante in questa sede, passiamo a quella giudiziaria.

Mi sono sentito letteralmente spogliato dei miei diritti quando, a maggio del 2022, ho letto la chiusura delle indagini del PM.

A quel tempo avevo non pochi problemi a trovare un avvocato di fiducia, quindi sapevo di partire già svantaggiato, ma non appena ho finito di leggere le motivazioni e documentazioni a supporto dei miei capi di accusa, mi sono fatto paradossalmente una gran risata.

Di gran lena ho chiamato il penalista che mi seguiva al momento, gli ho detto che avremmo distrutto la controparte perché avevo abbastanza documentazione da capovolgere ogni singola accusa.

E lì ho sentito la terra franare sotto i piedi.

Non solo ha annientato tutte le mie convinzioni, ossia che la mia estesa documentazione a supporto del ribaltamento delle accuse non sarebbe servita a nulla, ma che le accuse fatte in qualsiasi forma erano come scolpite nella pietra e non si potevano scalfire.

Ho iniziato a fare i conti rapidamente con quelle che potevano essere le conseguenze di ogni singola parola scritta in quel fascicolo, e più leggevo e più sembrava tutto più buio. Tutto e tutti erano contro di me.

Gli operatori sanitari, che hanno diagnosticato tutto quanto di più soggettivo si possa diagnosticare, con l'aggravante di aver aggiunto il 21° giorno al referto medico che solo chi lo combatte sa cosa significa; le forze dell'ordine, che hanno messo nero su bianco denunce su denunce che cambiavano ogni volta versione senza mai metterle in discussione; operatori assistenziali, anche loro complici di versioni contrastanti mentre dovrebbero essere le persone più competenti nel riconoscere come sono andati i fatti; *last but not least*, il PM ed il sistema giudiziario.

Di questa parte si potrebbe aprire un capitolo a parte, in quanto da persona che non solo non ha commesso nessun reato, ma l'ha subito, mi sarei aspettato un minimo di considerazione in più.

Mi sono sentito già giudicato sin da quel giorno di maggio, perché questa legge cosiddetta "Codice Rosso" non ammette considerazione per nessuno, mi hanno tolto la cosa più importante della mia vita (mio figlio) letteralmente strappandomelo mentre era con me, nonostante la madre avesse riferito che era importante il contrario.

Niente, io ero il mostro e quindi non avevo diritti. E questi sono esempi di quanto fallace sia il sistema giudiziario (così come è messo in atto, è chiaro, perché non so nulla di diritto). Non è fallace un sistema che non verifica quali siano le condizioni di vita di un bambino prima di strapparlo ad un genitore di punto in bianco? O ancora, non è fallace un sistema giudiziario che permette alla presunta vittima di presentarsi a casa del presunto mostro a richiedere cose ed oggetti anche con minacce e percosse? Ancora, non è fallace un sistema giudiziario che trova violenze subite da un altro uomo da parte della donna di cui sopra e si accontenta del ritiro della querela (questo è uno scenario che ho immaginato io, perché non voglio neanche pensare che quella denuncia sia ancora attiva e lei a piede libero ...)? Non è sempre fallace un sistema in cui l'indagato non viene mai interrogato da quelle forze dell'ordine che hanno scritto versioni incredibili degli accaduti?

Oggi, a un anno di distanza riesco a scrivere queste cose col sollievo di chi ce l'ha fatta. Non giudizialmente, quello chissà quando e come terminerà, ma sostanzialmente.

Per fortuna al di fuori dei circuiti formali succitati, se ne attivano degli altri che mettono davvero la loro esperienza al servizio del mondo esterno. Cosi grazie ad un'assistente sociale, questa storia ha cambiato traiettoria in tempi *record* (cosi mi dicono), ed oggi ho mio figlio con me al 50% che era la soluzione intrapresa prima delle violenze, ed una relazione psico-sociale di lei provocatrice e prevaricatrice.

A me basta poter stare con mio figlio per sentire che ho vinto.

* * *

La storia e le vicende accadute durante la mia separazione, e successivo divorzio, sono abbastanza tormentate per non dire altro. La mia ex-moglie non è mai stata una persona dal carattere facile, anzi tutt'altro, ma in occasione della separazione direi che è uscito il peggio della sua tremenda, a dir poco, personalità. Ancor prima di decidere per la separazione, resa difficile dalla presenza di due figli ai quali sono molto attaccato, le cose non andavano per nulla bene tra di noi. C'era sempre tensione, qualsiasi argomento si affrontasse o qualsiasi decisione bisognava prendere: la cosa più brutta erano per me le offese, sovente d'innanzi ai bambini, gli insulti quali "uomo di merda", "coglione", "dirigentello" (sì perché io a differenza sua mi sono realizzato nella vita partendo da zero, da una vita umile fatta di sacrifici, visto che la mia famiglia non ha mai navigato nell'oro). Detto questo, e dopo tormentati mesi in cui non sapevo che decisione prendere, soprattutto perché sapevo che avrei perso la possibilità di vivermi quotidianamente i miei figli, decido per la separazione: qui gli episodi prima menzionati crescono sia come numero che come intensità, arrivando addirittura ad alzarmi le mani, fortunatamente non in presenza dei nostri figli. Alle parolacce, continui insulti, prevaricazioni di ogni genere, si aggiungono anche denunce per maltrattamenti che la mia ex-moglie asserisce aver subito! Premesso che non farei del male ad una mosca, come si dice, anzi provengo da una famiglia molto educata, dove il rispetto per l'altra persona è un fondamento da tener ben presente nella vita di tutti i giorni. Ma non finisce qui, per dimostrare quello che invece esiste solo nelle sue fantasie, arriva anche a chiamare in più di un'occasione le forze dell'ordine, nella fattispecie i carabinieri. Per quanto una persona possa essere nel giusto, è chiaro che questi episodi non possono che portare a preoccupazione, soprattutto perché come ex-marito ma pur sempre padre temevo che tali episodi, per quanto infondati, potessero pregiudicare la possibilità di vivere serenamente i miei figli una volta ottenuta la separazione, prima, e poi il divorzio. Ma non finisce qui, la mia ex-moglie, in più di una occasione mi chiude fuori casa, si la mia casa, comprata con i sacrifici, urlandomi che ero un deficiente e che mi avrebbe "mangiato" tutto, riferendosi ai soldi risparmiati da una vita di sacrifici ed alla casa. Arriva anche a buttarmi i panni dalla finestra, nascondermi i miei vestiti, abiti da lavoro, chiudendoli nel sottotetto e non permettendomi di poter andare al lavoro. Mi riga perfino la macchina, aziendale, pertanto un bene non di mia proprietà. Le persecuzioni non sono solo in presenza, ma anche in remoto: mi riempie di insulti di ogni genere scrivendomi in whatsapp, una volta sono arrivato a contare ben 64 messaggi, ricevuti nel giro di un paio d'ore, tutti dal contenuto impronunciabile. Telefonate da un numero nascosto a tutte le ore, anche lavorative, e messaggi tradizionali, oltre che whatsapp. Non da ultimo, ora che siamo separati e prossimi al divorzio, che ho appena depositato, si presenta quando devo prendere i bambini per le visite con la maschera da pagliaccio, deridendomi, e dicendo che sono solo questo: e pensare che il pagliaccio è quello che ha uscite mensili tra mutuo, per un immobile di mia esclusiva proprietà, e mantenimento pari a 2.400,00 euro. Quanto da me subito è ancora più umiliante e frustrante a fronte del fatto che prima della separazione la mia ex-moglie si è appropriata di oltre 100.000,00 euro depositati presso un conto comune da me pressoché totalmente alimentato, ma dopo l'inizio della vicenda che ci vede ormai prossimi al divorzio, ha deciso bene di impossessarsi di questa cospicua somma e non lasciare la mia casa sulla quale grava un mutuo importante: anche questi sono maltrattamenti e si, perché quello che ho imparato dalla mia personale vicenda è che molte donne possono accettare la separazione dall'uomo che hanno sposato ma non accettano la separazione dal suo stato economico-patrimoniale. Sottolineo che ho presentato formali querele per i comportamenti di mia moglie, anche per *stalking,* querele che nessuno sino ad oggi ha considerato, così lei continua impunita a fare tutto quello che vuole.

* * *

La mia esperienza giudiziale per l'affidamento di mio figlio è iniziata nel 2011.

In quell'anno mi sono lasciato con quella che era la mia compagna, semplicemente per incompatibilità caratteriale, senza nemmeno immaginare lontanamente a cosa sarei andato incontro, una guerra insensata, infinita, fatta di soprusi, ingiustizie, impotenza e di una violenza psicologica/emotiva tale da ripercuotersi anche sulla mia salute fisica una sofferenza indescrivibile, infinita dovuta allo strapotere sotto ogni aspetto delle madri sui figli appoggiate in tutto e per tutto dalla macchinosa giustizia italiana, dai giudici stessi, dagli assistenti sociali che talvolta dimenticano il vero obbiettivo, il benessere dei bambini, i veri martiri di questa guerra assurda.

Tutte queste figure dovrebbero tutelare i nostri figli ma così non avviene.

Senza un motivo preciso, infatti, finita la storia con la madre, per ben 9 mesi mi venne vietato di vedere mio figlio su decisione della madre.

Nemmeno le forze dell'ordine potevano aiutarmi perché non avevo ancora in mano un decreto del Tribunale.

Alla prima udienza, dopo quasi un anno che non vedevo e non sapevo più nulla di mio figlio, senza motivo il giudice stabilì l'affidamento condiviso e solo 2 giorni di visita alla settimana, per 3 ore il martedì e 3 ore il giovedì.

Quelle 3 ore secondo il giudice bastavano per mantenere il rapporto padre figlio.

Ho fatto altre 6/7 udienze in 10 lunghi anni e nonostante la madre continuava a fare da padrone e nonostante le mie numerose querele per violazione del decreto di un giudice, le sue azioni rimanevano sempre impunite.

Non mi restava altro che affidarmi a Dio perché comprendevo che lottare contro questa "giustizia" sarebbe stata una impresa impossibile.

In ogni udienza elemosinavo delle briciole di tempo con mio figlio, poche ore qua e là, mentre la madre procedeva per un assegno di mantenimento sempre più alto e per ridurre ancor più le poche ore (nonostante fossi riconosciuto dai giudici come un buon padre).

Io volevo solo avere dei diritti come padre, ma soprattutto per far si che mio figlio potesse vivere entrambe i genitori allo stesso modo.

Dopo altre udienze, dopo 11 anni di guerra, ho ottenuto i tempi paritari il momento più bello della mia vita.

Sono riuscito ad ottenere il diritto più importante che un bambino potesse avere: godersi mamma e papà allo stesso modo, un equilibrio che non dovrebbe mai essere negato ad un figlio.

Ma purtroppo nello stesso decreto ci vennero assegnati anche gli assistenti sociali a monitorare il tutto.

Che dire ciò che avevo passato negli anni scorsi, le ingiustizie, l'impotenza, i soprusi subiti, la sofferenza, dopo pochi mesi di percorso capii che erano solo un antipasto rispetto a ciò che mi avrebbero fatto passare.

A questo punto sarete curiosi di sapere come va a finire!

Semplice io e mio figlio stavamo bene insieme, il nostro amore reciproco era sotto gli occhi di tutti, dalla scuola ai servizi sociali, ma a qualcuno questo nostro amore padre figlio non piaceva.

Gli assistenti sociali hanno relazionato una "sofferenza del bambino" nei miei confronti per i tempi paritari.

Il tutto dopo soli 30 minuti di valutazione in un anno, omettendo al tribunale delle relazioni fatte da specialisti (oltretutto scelti solo dalla madre e assistenti sociali senza nemmeno chiedere il mio parere) relazioni mediche e scolastiche in cui risultava l'ottima salute psicofisica del bambino. Da buon guerriero le feci deporre io in Tribunale.

Inoltre, nonostante feci presente che il bambino viveva in casa della madre sia con l'ex marito della stessa che con il nuovo compagno (che a turni dormivano sul divano), ciò veniva definito come irrilevante.

Il tutto proseguì fino a settembre 2022 quando mio figlio fece un colloquio da solo con le assistenti sociali.

Da quel momento in poi L'INCUBO SI FECE REALTÀ: senza motivo, senza spiegazioni, mio figlio, ormai dodicenne, non volle più avere nulla a che fare con me.

Ad oggi sono mesi che non ho più contatti con lui se non tramite i Professori, preoccupati per il bambino per il crollo di rendimento e dell'atteggiamento psicologico in generale di mio figlio.

Questo è tutto.

Io il papà escluso totalmente dalla sua vita, nonostante un affidamento condiviso.

La mia colpa …?

Essere solo un PADRE AMOREVOLE.

* * *

Sono un papà di 56 anni.

Circa 7 anni fa ho iniziato una relazione con una donna africana, relazione dalla quale sono nate due bambine di età rispettive di 3 e 1 anno.

La mia compagna, dopo essersi trasferita in Italia e già durante la seconda gravidanza, ha iniziato ad avere problemi psichici, tanto che la ginecologa ha certificato una sospetta depressione *post parto*, per cui ho iniziato ad accompagnarla da uno psichiatra presso una struttura pubblica.

Nel luglio 2022 cominciava questo dramma.

La mia ex compagna faceva un sogno, che mi raccontava al mattino: nel sogno la nostra secondogenita sarebbe caduta dal balcone e sarebbe morta.

Quel giorno tornavamo a casa dopo un viaggio io, lei, mia madre e le due bambine.

Accadeva un litigio per futili motivi e la stessa sera, la mia compagna, alla presenza di mia madre dopo aver aggredito sia me sia mia madre, tentava di fare del male a nostra figlia.

Mi vedevo costretto a bloccarla fisicamente e ad allontanarla di casa, pur chiamando l'ambulanza, che la soccorreva.

Con stupore, i carabinieri, intervenuti e raggiunti i sanitari, riportavano la mia ex compagna a casa, poiché ella raccontava violenze inesistenti da parte mia nei suoi confronti.

Dopo una notte d'inferno per le continue reazioni della signora, che alle cinque del mattino decideva di uscire di casa per poi tentare di rientrare calciando la porta di casa e dopo che io ho chiamato per ben altre due volte le forze dell'ordine, venivo chiamato dai Servizi Sociali.

Mi chiedevano di riaccogliere a casa la mia compagna e che sarebbero tornati il lunedì successivo per verificare la situazione.

Lunedì un'assistente sociale veniva a casa e, dopo un rapidissimo sopralluogo e dopo aver sentito soltanto la mia ex compagna, decideva di prendere in carico le mie figlie e la signora, asserendo che io sarei rimasto il papà delle bimbe, che le avrei viste spesso e sin da subito e che ci sarebbero stati numerosi colloqui atti a chiarire la situazione.

Mi dicevano che non mi dovevo preoccupare perché le bambine sarebbero state protette e sorvegliate 24 ore su 24.

Purtroppo le cose sono andate molto diversamente, giacché la mia parola è rimasta inascoltata come anche quella di mia madre, testimone oculare, mentre la versione della mia compagna, resa martire, è stata consacrata dagli assistenti sociali, che pure hanno aggiunto nelle loro relazioni ambientali dei dettagli insussistenti.

Nonostante avessi immediatamente denunciato l'accaduto e trasmesso la mia denuncia al Comune (sperando di chiarire l'accaduto), non ho più incontrato le mie bambine per mesi e mesi ed a distanza di quasi un anno vedo le mie figlie soltanto un'ora ogni 15 giorni.

Lascia sgomenti sapere che per togliere le figlie ad un papà bastano poche parole di una donna, parole volte a dipingere un "padre-mostro", parole volte a capovolgere la realtà in un modo a dir poco grottesco.

A mio parere certi assistenti sociali, sembrano adottare atteggiamenti familiari divisivi e molto lontani dal proteggere i minori di cui hanno responsabilità.

Tutto ciò a discapito di bambini piccoli e padri inermi.

Evidenzio che ogni umana reazione di noi papà sofferenti e privati dei nostri figli, diventa un ulteriore tassello utile a rafforzare l'ipotesi dell'uomo violento, che violento in realtà non è (in tanti casi).

* * *

Sono sposato con una donna dell'est, stiamo insieme dal 2006, lei ha già una figlia che ha sempre vissuto con noi che ha oggi 25 anni.

Dal nostro matrimonio nasce nel 2009 nostro figlio.

Ho sempre notato che mia moglie usasse l'alcool in maniera anomala, anche se all'inizio ipotizzavo che il mio pensiero fosse dovuto al fatto che io non bevo.

Già intorno all'anno 2018, io e la figlia di mia moglie avevamo valutato che forse le cose stavano peggiorando e che forse sarebbe stato logico che qualcuno la aiutasse, ma purtroppo lei beveva di nascosto e all'epoca reggeva bene o almeno questa era l'impressione e comunque lei negava in maniera netta di avere problemi con l'alcool.

Arriviamo nel marzo 2020 le cose peggiorano tutto precipita in maniera velocissima, sembra che mia moglie non nasconde più nulla e diventa palese il suo problema.

Io e sua figlia maggiorenne cerchiamo di farla ragionare, ma nulla lei rifiuta ogni aiuto e sostiene che il problema siamo noi.

Sua figlia decide di andare a studiare fuori città e io rimango solo con lei e nostro figlio che, nel 2020, ha 11 anni.

Lavoravo solo io e quindi dovevo assentarmi di casa per tutto il giorno.

Tutto precipitava sempre più.

La sera quando tornavo a casa la trovavo quasi sempre ubriaca.

Per un po' non ne parlo con nessuno e cerco di capire cosa fare.

Lei non voleva affrontare i problemi e purtroppo dovevo scegliere.

Decido di tirare fuori nostro figlio da questa situazione.

Fino a quel momento avevo sempre cercato di nascondere a nostro figlio i problemi legati all'alcool della mamma.

Ero in grossa difficoltà ma prendevo una decisione che pensavo mi avrebbe aiutato e, magari, avrebbe aiutato lei e tutto il nostro nucleo familiare.

Tutto stava diventando molto pericoloso e non potevo più lasciare nostro figlio solo con lei.

Mi rivolgevo ad una psicologa che, come immaginavo, mi consigliava per il bene di tutti di denunciare i fatti.

Mia moglie diventava aggressiva e diceva frasi senza senso, aveva cambi di umore repentini: una sera rientravo a casa e trovavo la casa abbandonata a sé stessa, lei che dormiva sul divano e nostro figlio da solo in camera sua.

Chiamavo i carabinieri e denunciavo i fatti.

Naturalmente non succedeva nulla perché in Italia l'alcool è legale, ma come già sapevo mi dirottavano dai servizi sociali. Veniamo convocati ma lei negava e negava.

L'aver chiamato i carabinieri mi portava a diventare il suo nemico numero uno.

Dopo pochi giorni mi arrivava una lettera di un avvocato dove mai moglie mi chiedeva la separazione.

Provavo ancora a farla ragionare, ma nulla, le cose peggioravano ancora di più, e pochi giorni dopo la trovavo in coma a casa che aveva abusato di alcool e farmaci, farmaci che probabilmente arrivano dal ser-d dove lei, sotto il consiglio dei Servizi Sociali stava andando.

Chiamavo l'ambulanza e la portavano in ospedale, sul referto si parla di uso cronico di alcool.

Da quel giorno decidevo di modificare il mio lavoro e non lasciavo più da solo nostro figlio con lei.

Siamo rimasti per nove mesi in attesa di arrivare davanti a un giudice: in casa succedeva di tutto, diventava un incubo, continuavano le sue sbronze e io costantemente tenevo aggiornati i servizi sociali con registrazioni e con i miei racconti.

Pensavo che mi e ci avessero aiutati e, invece, hanno fatto finta di nulla e mi dicevano sempre "ci spiace ma non possiamo fare nulla".

Nel frattempo a lei è stato proposto un ricovero, che rifiutava e non frequentava il ser-d come dovrebbe.

A marzo 2021 arriviamo davanti al giudice, tutto sembrava che potesse andare nella direzione di un collocamento di nostro figlio da ma.

Così però non è avvenuto.

Nonostante i problemi di alcool evidenti di mia moglie e nonostante il Giudice sul provvedimento indicava che "mi loda per essere stato con mio figlio per nove mesi" e che dovrebbe collocare da me nostro figlio, il provvedimento affermava che se il Tribunale avesse tolto il figlio alla madre lei sarebbe peggiorata, pertanto mi ordinava di uscire dalla casa di mia proprietà, e mi ordinava di dare anche del denaro a una persona con una dipendenza che frequenta il ser-d.

La cosa più grave è che quel giudice collocava il figlio con la mamma nella casa familiare.

Il giorno che ho comunicato a mio figlio che papà doveva lasciare casa perché il giudice aveva deciso così, mio figlio mi ha detto "PAPÀ MA IL GIUDICE ERA UBRIACO?".

Pensavo di aver fatto la scelta giusta e che il Tribunale avesse tutelato un minore, ma giungo alla conclusione che il minore viene usato come deterrente per non mettere fuori casa una persona con gravi problemi.

Il resto è un copione già scritto: due anni dove sono stato sempre vicino a mio figlio, dove sono dovuto arrivare a bloccare i messaggi della mia ex e dove purtroppo ho dovuto constatare una grave inattività dei servizi sociali, psicologa infantile ed educatrici.

Scrivo questo perché nonostante tutte le relazioni dei Servizi Sociali degli ultimi anni scrivono che a casa tra la mamma e il bambino "va tutto bene", a me mio figlio raccontava tutto il contrario.

Scrivo questo perché ho passato due anni in cui ho provato a mettere in sicurezza mio figlio con numerosi ricorsi ed istanze sempre rigettati, con email a Servizi sociali sempre ignorate.

Poi, nel luglio 2022, dopo l'ennesima richiesta del mio avvocato, il giudice ha disposto la CTU e nel marzo 2023 mio figlio è stato messo in sicurezza dal papà.

Ad oggi non capisco perché è stato gestito tutto così male, perché mio figlio ha dovuto fare l'infermiere per due anni, perché le relazioni del ser-d parlavano sempre di un uso moderato di alcool e, soprattutto, non comprendo perché non mi hanno mai creduto, perché hanno commesso tanti errori gravissimi e mi sembra evidente, non hanno aiutato mio figlio e non hanno aiutato neppure la madre.

Oggi siamo arrivati ad una decisione che doveva essere presa dall'inizio, tre anni fa.

Per quanto riguarda la mia figura di padre e di uomo non so cosa dire, ho denunciato più volte gli atteggiamenti della mia ex nei miei confronti e nei confronti di mio figlio e badate bene sapevo che arrivavano da una persona problematica, ma i bambini vanno tutelati non usati per altri scopi. Oggi spero di voltare pagina.

Spero che la mia ex moglie si faccia aiutare e torni a fare la mamma sana, vedremo in futuro.

Per quanto riguarda mio figlio sono preoccupato per gli strascichi che lascerà questa storia maledetta.

Retorico aggiungere che se le parti fossero state invertite fra me e la mia ex, forse sarebbero state prese altre decisioni da subito, concludo dicendo che, forse speravano che mollassi la presa, ma l'amore che ho per mio figlio mi ha dato la forza di combattere una battaglia che non sarebbe mai dovuta nemmeno iniziare: un genitore non dove lottare contro un qualcosa, il proprio figlio dovrebbe tutelarlo.

* * *

Sono un Papà e un ex marito che dopo aver dato tutto me stesso, ogni cosa, non era, comunque, mai abbastanza.

Sono seguite le offese, le denigrazioni, le umiliazioni e le menzogne al solo fine di ottenere la tanto lauta ricompensa perché si sa … la donna è donna e l'uomo è carnefice.

Poi le urla, le vessazioni e le molestie pur di istigarmi a fare chissà cosa, che non è mai stato fatto.

Gli inseguimenti in tutte le stanze e nel bagno e le urla per le scale del palazzo che mi costringevano a "scappare" anche solo per trovare un momento di sollievo fuori casa … e infine le aggressioni fisiche e le menzogne davanti a chi avrebbe dovuto prestare più attenzione a tutto ciò che veniva detto, anche dai bambini durante i sopralluoghi, e che invece stravolgeva ogni evento con false dichiarazioni al punto tale da sporcare e confondere ogni ragionevole lapalissiana certezza agli occhi di tutti.

E ancora, non contenta, costruiva un castello di false accuse spalleggiata da finti paladini come lei … al solo scopo di allontanarmi ingiustamente e senza alcun presupposto dalla cosa più preziosa che avessi … i miei figli!

E ancora la gogna, l'angoscia, l'inappetenza, l'insonnia … e la voglia di farla finita, perché tanto nessuno ti ascolta e nessuno ti crede.

Fughe disperate anche quando incrociavo i bambini, da lontano, per strada, senza potermi avvicinare per un tenero abbraccio o un "ciao come stai!".

Perché dietro la falsità c'è la certezza di un provvedimento infondato che vale più di qualsiasi altra verità e che in caso di violazione suggellerà per sempre l'ingiusto allontanamento.

Se lo fai, diventerai un colpevole recidivo e perderai tutto per sempre.

E bestemmi e piangi e ti disperi ancora.

Poi finalmente un po' di giustizia.

Poterli riabbracciare dopo mesi e mesi, così cresciuti, con i primi dentini già caduti, tra lacrime profuse da ambo le parti nella stretta al petto davanti a passanti ignari che immaginano chissà quale film e di cui alla fine non ti importa nulla, perché pensi si tratti di un incubo che è finito ma che in realtà non finirà mai per tutti i traumi che ha comportato e gli strascichi che ci porteremo dentro.

Quando la violenza si fa donna, la Giustizia diventa Ingiustizia!

Solo l'amore vero, costruito assieme ai bambini è riuscito, tra lacrime sofferte, pianti e urla strazianti di piccole voci quasi soffocate nel silenzio e nell'inerzia di tutti, ha alimentato la fiamma che mi arde dentro … giorno dopo giorno … con speranza profonda … bruciando ardentemente.

Andrò avanti fino a quando avrò la forza … fino a quando avrò respiro!

Non indosserò mai la maschera di mostro che mi avete dipinto addosso.

Ai padri che lottano ogni giorno contro il muro, contro un sistema privo di discernimento, contro gli urti della vita … anche quando tutto sembra ormai perduto ... e non c'è altro che nero e buio e desolazione e sconforto e rabbia ... non arrendetevi mai!

Non potete!

Non dovete!

Ai figli di questa indescrivibile sofferenza ... molto spesso immotivata ... siate la fiamma viva nell'oscurità di un cuore spezzato!

Arriverà il momento in cui la vita e le persone che vi amano vi leveranno questo peso dalle spalle e nel cuore.

Ai miei figli ... grazie per avermi ridato la vita e per ciò che mi continuate a dare.

A Dio ... Grazie per avermi dato loro.

* * *

10 anni di matrimonio e 8 ormai già trascorsi nei Tribunali senza aver ancora concluso il divorzio. Tutto inizia con la classica frase "*È finito l'amore*", ovviamente perché nel frattempo ne era iniziato un altro, fatto confutabile dall'investigatore, ma del tutto ininfluente per il Tribunale.

Da quel momento, da quel marzo 2015 inizio ad assistere e subire una serie di violenze e di valutazioni errate e superficiali da parte del tribunale che, solo grazie ad un profondo equilibrio personale, non ha portato a conseguenze ben più gravi.

Quando credi nella famiglia, quella che hai vissuto con i tuoi genitori e che hai vissuto in gioventù nella Chiesa, quando finalmente hai la possibilità di crearne una, hai il compito di impegnarti per realizzare il miglior progetto possibile. Casa figli e futuro, cercando di mediare con i tuoi progetti di crescita lavorativa. Nel 2012 cambio attività lavorativa da dipendente a consulente finanziario quindi in regime di Partita Iva. L'inizio di ogni attività ha delle criticità ed io dovevo creare il mio portafoglio clienti. L'azienda mandante ogni mese remunera l'attività con delle fatture in base alle commissioni che ho generato nel mese corrispondente. La somma delle fatture crea il fatturato al quale si sottraggono i costi dell'attività le imposte le tasse e i contributi. Quello che resta è il netto paragonabile allo stipendio netto della busta paga di un dipendente.

È incredibile che in tutti questi anni nessun giudice è stato in grado di effettuare un così elementare calcolo e ad ora nessuno ha mai nominato un tecnico del tribunale, un ragioniere o un commercialista in grado di spiegare ai giudici il funzionamento fiscale italiano.

Questo ha comportato un danno enorme, perché le valutazioni sugli alimenti sono da subito risultati esorbitanti, con gli avvocati di controparte che non dimostrando i fatti proponevano richieste superiori alle mie effettive possibilità. Nel concreto 1.200,00 euro al mese per un bambino di 6 anni, ora ragazzino di 14, 1.000,00 euro al mese per la ex moglie, all'epoca casalinga, oltre al 50% delle spese straordinarie, mutuo cointestato di 250,00 euro al mese per l'abitazione cointestata, tutto a fronte di 5.000,00 euro lordi (al lordo di costi e tasse) di entrate mensili. Sono costretto a trovare casa in affitto con ulteriori spese da sostenere e un cambio radicale di vita, con nel cuore un lutto per il fallimento dell'amore e di un valore che da sempre ti sei fatto tuo, la famiglia. Tuo figlio che non lo vedrai più tutte le sere al tuo rientro dal lavoro e con il quale devi costruire una nuova relazione. Le argomentazioni dei giudici risultano contrarie a fatti oggettivi, contrarie alla matematica, segno di poca professionalità nell'affrontare il caso e di superficialità nella valutazione della situazione creata. Nessun Tribunale ha mai ascoltato il mio grido di giustizia, ancora oggi in quelle sedi si vede la donna come parte debole. Non hanno garantito la bigenitorialità. La sensazione che esiste, un canovaccio arcaico che viene applicato in modo *standard* alle separazioni. I danni trascinati nel tempo sono ormai consolidati con il risultato di aver arricchito una ex moglie e un figlio, che da oltre 4 anni non vive più un week end con pernotto presso la mia abitazione.

Ringrazio i miei genitori che senza il loro sostegno economico oggi non sarei qui a scrivere questo mio sfogo. Chi non ha questa fortuna può scrivere esperienze ben più drammatiche, in questo Paese legato a stereotipi non più attuali e che possono essere superati solamente dall'impegno di chi decide sulla vita altrui, a creare le basi per una nuova dignità.

* * *

Svegliarsi una mattina e sperare che un eventuale test del Dna ti sveli che tua figlia, che ormai non vedi da settimane, non è veramente tua figlia. Quindi poter pensare di andare in Tribunale e farla finita con l'ex moglie, con il mantenimento e tutte queste cose. Essere tristi al punto di pensare di chiudere e cancellare quella "parentesi" della tua vita.

"I padri che subiscono violenza" pare un ossimoro, una contraddizione di termini perché, spesso, si associa la violenza solo alla componente fisica.

Ma di violenze ce ne sono altre.

La violenza di un padre che si vede privato della figlia alienata dalla madre.

La violenza dei carabinieri che, nonostante il giudice abbia regolamentato le visite che la figlia deve fare con il padre, ascoltano la bimba e decidono che sì, si possono negare i diritti del padre e consegnare la figlia nelle mani della madre.

Essere considerati alla stregua di un bancomat, senza poter incidere sulla vita della propria figlia.

Essere padri è molto di più di essere padri biologici, vuol dire curare, formare, educare, prendersi cura di una creatura che, 11 anni prima, ti ha cambiato, in meglio, la vita. Una creatura che ti ha fatto riscoprire il mondo attraverso i tuoi occhi. La stessa creatura che oggi, però, addomesticata e plagiata da una madre onnipotente, ti rifiuta senza neanche più accampare una scusa.

Una creatura con cui aspiravi a passare le feste di Pasqua di sei giorni e invece il tutto si riduce ad una sterile telefonata di due minuti.

Ma che padre è questo? Lo si può chiamare ancora padre? e se ciò che viene deciso da un Tribunale viene puntualmente disatteso, a cosa si riduce il ruolo del padre? a fornire un mantenimento mensile alla donna che, una volta, ha drammaticamente sbagliato a sposare e ingravidare?

Oggi, senza aver fatto nulla, mi vedo rifiutato da mia figlia e obbligato solo a pagare.

Nonostante sulla carta dei Tribunali ho tutti i diritti di un padre, di fatto non vedo e non sento mia figlia e le Istituzioni non mi stanno in alcun modo aiutando a risolvere un problema che è ormai evidente.

* * *

"*Voi che vivete sicuri*
nelle vostre tiepide case,
voi che trovate tornando a sera
il cibo caldo e visi amici:
considerate se questo è un uomo ...".

Una sera rientrando da una trasferta di lavoro di una settimana, entro in casa e chiamo i bambini, non rispondono, e non rispondono perché non sono in casa, chiedo a mia moglie dove siano i bambini e lei risponde mi risponde che "sono un maiale bastardo e non rivedrò i bambini". Da quella sera ha inizio la discesa agli inferi che dura da 13 anni.

Da quella sera i bambini che mettevo a nanna la sera, imboccavo facendo "l'aeroplano", accompagnavo all'asilo, con cui giocavo, tenevo in braccio tutta la notte per calmare le coliche prima ed i brutti sogni poi, quei bambini che erano e sono la mia vita, non erano più miei ... da quella sera, quei bambini grazie a giudici poco competenti; CTU che non vogliono vedere la realtà e la verità, ma sfornano a ciclostile relazioni "*mather preference*" a spregio del bene dei minori; servizi sociali inetti che si rifugiano nella pratica dell'ignorare, letteralmente, i mille appelli affinché intervengono a difesa del diritto dei minori ad avere due genitori; periti del tribunale che scrivono 20 pagine di relazioni dove limpide emergono le responsabilità di alienazione contro la figura paterna agite dalla mamma, ma che nelle due righe finali scrivono "*comunque per il quieto vivere meglio non agire contro la mamma*" (anche se ha violato il Codice Penale!).

Grazie a tutte queste figure "professionali" ho visto distruggersi la mia vita, ho visto disintegrarsi la mia stabilità economica, ho visto sottrarmi la proprietà della mia abitazione, ho visto decine di giudici ignorare la legge e avvallare la violenza morale, psicologica ed economica perpetrata dalla madre dei miei figli nei miei confronti, ho visto l'agenzia delle entrate farmi causa contestandomi l'acquisto della mia attuale abitazione, perché sosteneva che una prima casa io ce l'avevo già.

Certo, quella casa da cui sono stato letteralmente "sbattuto fuori" dalla mattina alla sera da un giudice, perché assegnata alla ex moglie in quanto "*capirà caro signore che è preferibile che i bambini stiano a casa con la mamma, è la natura che ce lo insegna ...*" (cit.)

Hanno tentato di pignorarmi più e più volte lo stipendio, di costringermi a pagare scuole private senza che io abbia mai dato né il mio consenso né l'autorizzazione; hanno tentato di mettermi all'asta la mia attuale abitazione; mi hanno accusato di narcisismo patologico (senza nessuna emergenza clinica sul punto); di essere violento; di essere un "padre fallito": tutto senza alcuna prova ne conferma da nessuno dei giudici, psicologi, assistenti sociali che in 13 anni hanno disintegrato la mia vita.

Primo Levi scrisse una poesia che è cristallina esemplificazione del mio *status* psicologico, economico, di padre, di cittadino, di essere umano, "Se questo è un uomo", ecco provate a leggerla pensando a me ed alle centinaia di migliaia di figli orfani di padre vivente e poi provate a chiedervi: "*Se questa non è violenza*".

BIBLIOGRAFIA

CAMERINI G.B., ROSA S., *Violenza subita dagli uomini nelle separazioni giudiziali, in merito alla gestione dei figli*, in A.M. CASALE, P. DE PASQUALI, M.S. LEMBO, A. ESPOSITO, *Donne e reato*, Maggioli, Santarcangelo di Romagna, 2015, p. 79.

CARRADO M., GEORGE M.J., LOXAM E., JONES L., TEMPLAR D., *Aggression in British heterosexual relationships: a descriptive analysis*, in *Aggressive Bahaviour: Official Journal of the International Society for Research on Aggression*, 22 (6), 1996, pp. 401-415.

CASALE A.M., *Il Femminicidio*, in A.M. CASALE, P. DE PASQUALI, M.S. LEMBO, *Profili criminali e psicopatologici del reo*, Maggioli, Santarcangelo di Romagna, 2014, p. 189.

CASALE A.M., *Uomini vittime di donne*, in A.M. CASALE, P. DE PASQUALI, M.S. LEMBO, *Vittime di crimini violenti*, Maggioli, Santarcangelo di Romagna, 2014, p. 79.

CASALE A.M., DE PASQUALI P., LEMBO M.S., *Vittime di crimini violenti*, Maggioli, Santarcangelo di Romagna, 2014.

CENTRO ANTIVIOLENZA MASCHILE, *Report Associazione Perseo*, in www.associazione perseo.it.

DE PASQUALI P., PATERNITI R., *Stalking*, Pensa, Lecce, 2014.

GASSANI G.E., *L'aggressività femminile nelle separazioni*, in A.M. CASALE, P. DE PASQUALI, M.S. LEMBO, A. ESPOSITO, *Donne e reato*, Maggioli, Santarcangelo di Romagna, 2015, p. 87.

LOMBROSO C., FERRERO G., *La donna delinquente, la prostituta e la donna normale*, F.lli Bicocca, Torino, 1923.

LUSA V., BORRINI M., *75° Conference American Accademy Forensic Scienze*, Orlando (Florida), 2023.

MACRÌ P.G., ABO LOHA Y., GALLINO G., GASCÒ S., MANZARI C., MASTRIANI V., NESTOLA F., PEZZUOLO S., ROTOLI G., *Indagine conoscitiva sulla violenza verso il maschile*, in *Rivista di Criminologia, Vittimologia e Sicurezza*, vol. VI, n. 3, settembre-dicembre, 2012.

MARTIN L., PANTELOUDAKIS I. (2019), *Toolkit for Work whit Male Victims of Domestic violence*, 3 marzo 2020 da http://www.mensadviceline.org.uk/help-and-information/frontline-workers-and-male-domestic-violence-victims/toolkit-for-work-with-male-victims-of-domestic-violence/.

OFFICE FOR NATIONAL STATISTICS, *Domestic Abuse in England and Wales: year ending*, March 2018.

ROVEDA I., ODDO A., FRANCO V., *Riconoscere la violenza: una visione caleidoscopica*, in *Rassegna italiana di criminologia*, anno XV, n. 2, 2021.

RYAN W., *Blaming the victim*, vol. 226, Vintage, 1976.

STILES D., ORTIZ I., KEENE C., *Serving Male-identified survivors of intimate partner violence. National Resource Center on domestic violence*, 2017, pp. 1-12.

VERNOCCHI S., *La manipolazione mentale al femminile*, in A.M. CASALE, P. DE PASQUALI, M.S. LEMBO, A. ESPOSITO, *Donne e reato*, Maggioli, Santarcangelo di Romagna, 2015, p. 291.

Finito di stampare nel mese di settembre 2023
nella Stampatre s.r.l. di Torino
Via Bologna, 220

Registrati alla Biblioteca Digitale >

La **Biblioteca Digitale** di Giappichelli Editore è una piattaforma che offre allo studente strumenti e contenuti integrativi al libro.

Per accedere >

Aprire l'indirizzo ***https://biblioteca.giappichelli.it/varia*** ed effettuare la registrazione impostando *login* e *password*.

Autenticarsi alla piattaforma con le credenziali scelte.

Per sbloccare il libro nella versione digitale e/o i contenuti integrativi associati:

- Accedere alla piattaforma;
- Cliccare sul pulsante "Aggiungi un libro";
- Inserire l'ISBN del volume acquistato;
- Inserire il codice di sblocco (presente sul bollino SIAE) che si trova nella prima pagina del volume.

Avvertenza: i materiali on-line sono disponibili fin quando il testo sarà presente nel catalogo Giappichelli fatto salvo differente disposizione da parte dell'Editore